गोपाल भांड

के मनोरंजक किस्से

गंगा प्रसाद शर्मा

पुस्तक महल®

प्रकाशक
पुस्तक महल

प्रशासनिक कार्यालय एवं विक्रय केन्द्र

J-3/16, दरियागंज, नई दिल्ली-110002
☎ 23276539, 23272783, 23272784 • फैक्स: 011-23260518
E-mail: info@pustakmahal.com • Website: www.pustakmahal.com

शाखाएं
बंगलुरू: ☎ 080-2234025 • टेलीफैक्स: 080-22240209
E-mail: pustakmahalblr@gmail.com
मुंबई: ☎ 022-22010941, 022-22053387
E-mail: rapidex@bom5.vsnl.net.in
पटना: ☎ 0612-3294193 • टेलीफैक्स: 0612-2302719
E-mail: rapidexptn@rediffmail.com

ISBN 978-81-223-1346-8

संस्करण: 2015

मुद्रक: राधा ऑफसेट, दिल्ली

संक्षिप्त परिचय

गोपाल भांड का बंगाल में वही स्थान है, जो उत्तर भारत में बीरबल का, अथवा दक्षिण भारत में तेनालीराम का। इनका जन्म कृष्णा नगर के उत्तर घुर्नी नाम के एक छोटे-से गाँव में हुआ था। जाति के नाई थे, पढ़ाई-लिखाई भी मामूली हुई थी, फिर भी अपने चातुर्य, पूर्ण कौशल, हाजिर-जवाबी के बल पर इन्होंने कृष्णा नगर के तत्कालीन राजा कृष्णचंद्र के दरबार में महत्वपूर्ण पद प्राप्त किया।

किसी भी परिस्थिति को अपने अनुकूल ढालने में गोपाल भांड का कोई जवाब नहीं था। मुर्शिदाबाद का तत्कालीन नवाब मीर जाफर, जिसके अधीन कृष्णा नगर का राज्य था जब राजा कृष्णचंद्र को किसी उलझन भरी स्थिति में डाल देता था, तो गोपाल भांड ही राजा को उस संकट से उबारते थे। इसी वजह से वह राजा के विशेष कृपापात्र बन गए थे।

राजा के इतने स्नेह पात्र होते हुए भी गोपाल तनिक भी घमंडी नहीं थे। वे आम लोगों से बराबर मिलते-जुलते और उनकी यथासंभव सहायता करते रहते थे। यही कारण है कि तीन सौ बरस से भी ज्यादा समय बीत जाने पर भी उनकी लोकप्रियता बनी हुई है।

अनुक्रमणिका

1

कंजूस की थैली पर डाका

राजा कृष्णचंद्र की एक बुआ थी। नाम था पार्वती। वह निःसंतान थी। उसके पति उसके लिए अथाह धन संपत्ति छोड़ गए थे। किंतु वह उस संपत्ति से कुछ खर्च नहीं करती थी। वह साधारण वस्त्र पहनती और सादा भोजन करती थी। नौकर या नौकरानी इस कारण से नहीं रखती थी कि उसे तनख्वाह देनी पड़ेगी। राजा के बहुत आग्रह करने पर उसने भोजन बनाने के लिए एक नौकरानी रख ली, जिसे रूखा-सूखा भोजन वह दे देती थी, किंतु नौकरानी को तनख्वाह राजा के कोष से ही मिलता था।

पार्वती के कई रिश्तेदारों ने उसे कई बार समझाया कि वह अपने धन को अच्छे कामों पर खर्च करे क्योंकि उसके मरणोपरांत कोई बेटी या बेटा उसके धन को खर्च करने वाला नहीं है, लेकिन पार्वती उनकी बात नहीं मानती थी। स्वयं राजा कृष्णचंद्र भी कई बार पार्वती को समझा चुके थे।

एक बार राजा कृष्णचंद्र ने गोपाल से कहा- "गोपाल! तुम्हें पार्वती बुआ के बारे में तो मालूम है कि वह अव्वल दर्जे की कंजूस हैं। क्या तुम अपनी चतुराई से उनसे कुछ धन ला सकते हो? सोच लो, अगर तुम उसे मूर्ख बनाकर कुछ धन हथियाने में कामयाब हो गए तो मैं तुम्हें उससे दुगुना इनाम दूंगा। वैसे मुझे ये भी मालूम है कि तुम उनसे कानी कौड़ी भी हासिल नहीं कर सकते।"

गोपाल बोला– "महाराज! मेरा नाम गोपाल भांड है। मैं पत्थर से भी रस निकालना जानता हूं फिर वह तो इंसान है। आप देख लेना कि मैं किस तरह से उनकी जेब से पैसा निकालता हूं।

महल में सभी जानते थे कि गोपाल भांड महाराज का विशेष प्रिय व्यक्ति है, अतः उसके महल में जाने के लिए कोई रोक-टोक नहीं थी। वह किसी भी समय महल में बेरोक-टोक चला जाता था, सारे प्रहरी उसे अच्छी तरह पहचानते थे।

महाराज से विदा लेकर गोपाल पार्वती बुआ के पास पहुंचा। कक्ष के बाहर खड़े होकर उसने आवाज लगाई- "बुआजी-बुआजी दरवाजा खोलिए बुआ जी।

कुछ ही देर बाद कक्ष का दरवाजा खुला। बुआ बाहर निकली। गोपाल को देखकर आश्चर्यचकित स्वर में बोली- अरे गोपाल, तुम! अंदर आ जाओ, भाई। बहुत दिनों बाद तुम्हें देखकर मुझे बहुत खुशी हुई। कहो सब कुशल तो है।

"कुशलता कहां, बुआ जी। गोपाल ने रोनी सूरत बनाते हुए कहा- समझ लो अंतिम समय में आपके दर्शन करने आया हूं।" अरे शुभ-शुभ बोलो गोपाल। ये अंतिम दर्शन की बात क्यों कही? बुआ ने घबराए स्वर में पूछा!

"बुआ जी। आप ज्योतिषाचार्य विवेकचंद्र को तो जानती ही होंगी। वही जो राज-ज्योतिषी हैं। भला उन्हें कौन नहीं जानता। बड़ी सटीक भविष्यवाणी करते हैं। दिल की बात को झट से बता देते हैं।" बुआ बोली!

"वही वही।" गोपाल भांड ने बुआ की बात का समर्थन करते हुए कहा- बुआ जी उसी ज्योतिषी ने कहा है कि- गोपाल ने जानबूझकर बात अधूरी छोड़ दी।

क्या कहा है राज ज्योतिषी ने गोपाल बुआ ने आशंकित स्वर में पूछा- "अपनी बात पूरी करो न।" बुआ जी ज्योतिषी ने कहा है कि मेरी आयु अब मात्र छह महीने की शेष रह गई है। इसके बाद मेरी मृत्यु निश्चित है। गोपाल ने कहा।

"ऐसी बातें मुंह से न निकालो गोपाल। भला अभी क्या तुम्हारी मरने की उम्र है?" बुआ बोली

"बुआ ज्योतिषी का बताया हुआ अभी तक तो सच ही निकला है। मैं तो ईश्वर से प्रार्थना करता हूँ कि उनका यह कथन सच न

हो, पर प्रभु की इच्छा कौन जान पाया है यही सोचकर तो मैं आपके दर्शन करने चला आया हूँ। सोचा बहुत दिनों से आपके हाथ का प्रसाद भी नहीं खाया है। प्रसाद पाने की इच्छा मुझे आपके यहाँ खींच लाई है।

ठीक किया बेटा। तुम जितने दिन चाहो मेरे पास आराम से रहो। अब कैसा आराम और कैसा काम बुआ? ये जिंदगी ही जब कुछ दिनों की मेहमान है। इसीलिए तो आपके पास आ रहा हूँ। सुना है लोग मरने वाले की इच्छा पूरी करते हैं जिससे की यह शरीर छोड़ते समय मरने वाले को किसी तरह का पछतावा न रहे। मुझे पूरा विश्वास है

कि आप मेरी यह अंतिम इच्छा जरूर पूरी करेंगी। गोपाल ने रो देने वाले भाव में कहा।

"बेटा तुम तो अपने ही बच्चे हो। तुम्हारे लिए इस घर के दरवाजे सदैव ही खुले रहते हैं। प्रसाद की क्या बात, तुम कल ही आ जाओ भोजन करने।" बुआ जी भावुक स्वर में बोली।

अरे नहीं बुआ जी आप गलत समझीं। मेरा मतलब भोजन से थोड़े ही था। मैं तो बस यही चाहता हूँ कि आपकी थाली में से बचा खुचा कुछ प्रसाद पा सकूं। "ठीक है तुम कल आ जाना गोपाल, तुम्हारी इच्छा पूरी हो जाएगी। दूसरे दिन गोपाल भोजन के समय से पहले ही बुआ के यहां पहुंच गया। रास्ते में उसने एक छोटी सी तली हुई झिंगा मछली खरीद ली थी और उसे अपने कुरते की दाईं जेब में रख लिया था।

बुआ जी ने उसे चौके में बैठाया और उसके सामने थाली में भोजन परोस दिया। "खाओ गोपाल आज मैंने नौकरानी से खाना न बनवाकर तुम्हारे लिए मैने स्वयं अपने हाथों से बनाया है," बुआ ने कहा।

ये कैसे हो सकता है बुआ जी? गोपाल ने थाली एक ओर सरकाते हुए कहा- "आपसे पहले मैं कैसे भोजन करूंगा? आप खा लेंगी तो मैं आपके बचे हुए भोजन को खा लूंगा।" बहुत जिद्दी हो गोपाल! बुआ जी बोली- "ठीक है पहले मैं ही भोजन करती हूँ।" कहकर बुआ ने गोपाल के सामने वाली थाली अपने सामने खींच ली और इत्मीनान से भोजन करने लगी।

थोड़ी देर बाद भोजन करके बुआ जी हाथ धोने के लिए गई, गोपाल थाली में बचे व्यंजनों को खाने लगा। एक कटोरी में घीया का रायता भी था। गोपाल ने बुआ की ओर सतर्कता पूर्वक देखते हुए

अपनी जेब से तली हुई छोटी मछली निकाली और बुआ की नजर बचाकर रायते में डाल दी। फिर वह चटकारे ले-लेकर थाली में रखे व्यंजनों को खाने लगा।

तभी सामने बैठी बुआ जी ने गोपाल की ओर दृष्टि डाली और पूछा- "कुछ और चाहिए गोपाल? जिस चीज की आवश्यकता हो, निःसंकोच होकर मांग लेना। मैंने वैष्णव भोजन तैयार किया है, तुम्हें मालूम है कि मैं शुद्ध शाकाहारी हूं।" "सो तो मालूम है बुआ जी।" गोपाल एक बड़ा सा ग्रास मुंह में डालते हुए बोला।

"गोपाल तुम तो मांस-मछली खाते हो न! तुम्हें तो यह भोजन स्वादिष्ट नहीं लगा होगा।"

क्या बात करती हो बुआ जी? भोजन क्यों स्वादिष्ट न होगा? बहुत स्वादिष्ट भोजन बना है और रायता इसका तो जवाब ही नहीं। रायते में घीया के साथ-साथ तली हुई झींगा मछली जो पड़ी है कहते हुए गोपाल ने मछली हाथ में लेकर बुआ जी के सामने लहराई।

मछली को देखते ही बुआ जी की हालत खराब होने लगी। यह विचार कर कि मछली रायते से निकली है, उसके होश उड़ गए लेकिन हकीकत सामने थी। इसलिए इंकार भी नहीं किया जा सकता था। दबे स्वर में बोली- मेरे चौके में आज तक मांस-मछली का प्रवेश नहीं हुआ, बेटा। न जाने आज यह मछली कैसे रायते में निकल आई। फिर तनिक खुशामदी लहजे में बोली- "गोपाल बेटा, इस बात का जिक्र किसी और से मत करना, वरना मेरी बड़ी फजीहत हो जाएगी। सब लोग यही सोचेंगे कि मैं वैष्णव होने का ढोंग करती हूं और छुप-छुपकर मांस-मछली वाला भोजन करती हूं।

बुआ जी की बात सुनकर गोपाल ने दयनीय स्वर में कहा- "बुआ जी, आपको तो मालूम ही है कि मैं छह महीने के अंदर मरने वाला हूं, फिर आप मुझसे झूठ बोलने को क्यों कह रही हैं? आपको तो पता ही है महाराज मुझसे कितना स्नेह रखते हैं। वे मुझसे अपनी कोई बात नहीं छुपाते और न मैं उनसे कोई बात छिपाता हूं। यदि उन्होंने स्नेहवश पूछ लिया कि गोपाल तुमने बुआ जी के यहां क्या-क्या खाया? तो मुझे विवश होकर बताना ही पड़ेगा।"

"अरे, ना गोपाल, ना।" बुआ जल्दी से बोल पड़ी- राजा कृष्णचंद्र को इस बारे में कुछ मत बताना।

"अब तुम इतना आग्रह कर रही हो, तो नहीं बताऊंगा बुआ! पर अपनी जुबान बंद रखने के एवज में मुझे क्या मिलेगा?" तुम मुझसे जुबान बंद रखने के एवज में धन पाना चाहते हो गोपाल? बुआ ने

थोड़ा आश्चर्य व्यक्त करते हुए कहा। "तो इसमें बुराई क्या है बुआ? आप तो जानती हैं कि मैं एक भांड हूं।

अपनी विदूषक कला के बल पर ही तो मैं अपनी जीविका चलाता हूं और फिर ज्यादा दिनों की बात भी तो नहीं है। छह महीने बाद मेरी मृत्यु हो जानी है। इतने दिन जुबान बंद करने के एवज में यदि मुझे दस हजार रुपये मिल जाएं तो मैं अपनी जुबान बंद रखूंगा।" "दस हजार" बुआ जी उछल पड़ी– इतने रुपये मैं तुम्हें कैसे दे सकती हूं। इतने रुपये गिनते हुए मेरा दिल ही धड़कना बंद कर देगा और फिर इतने रुपये मेरे पास है ही कहां?

तो कितने रुपये हैं बुआ जी आपके पास? जितने हैं उतने इस समय दे दो, बाकी रुपये बाद में आकर ले जाऊंगा। मेरे पास इस समय पांच सौ रुपये हैं। वह तुम्हें दे देती हूं पर खबरदार अगर और पैसे लेने मेरे पास आए।

"लाओ बुआ जी। जितने रुपये इस समय आपके पास है, उतने ही दे दो।" गोपाल ने अपनी हंसी दबाते हुए अपना हाथ आगे फैला दिया। बुआ जी ने अपनी संदूकची खोली और उसमें से पांच सौ रुपये निकालकर गोपाल के हाथ में रख दिए। फिर वह बोली अपनी जुबान बंद रखना। खबरदार किसी के सामने भूल कर भी इस बात का जिक्र न करना विशेषकर महाराज के सामने तो अपनी जुबान बिल्कुल ही बंद रखना।"

अब तो ऐसा ही करना पड़ेगा बुआ जी। आपसे रुपये जो ले लिए हैं लेकिन मेरी एक शर्त है।

"कौन सी शर्त?"

"यही कि मेरे मरने के बाद आप मेरे बाल बच्चों का विशेष ख्याल रखेंगी और उन्हें किसी किस्म की तकलीफ नहीं होने देंगी। यदि आपने ऐसा न किया तो मैं सपने में आकर महाराज को यह बात बता दूंगा। फिर सोच लेना आपकी कितनी फजीहत होगी।

"मेरा यकीन करो गोपाल। मैं तुम्हारे बाल बच्चों का खूब ख्याल रखूंगी। मुझे क्या अपनी बदनामी करानी है।" गोपाल से पिंड छुड़ाने की नीयत से बुआ जल्दी से बोल पड़ी। उन्हें डर था कि कहीं गोपाल अपने वादे से मुकर न जाए।

गोपाल घर से निकल गया तो बुआ की जान में जान आई। उन्होंने राहत की सांस ली।

गोपाल महाराज कृष्णचंद्र के पास पहुंचा और कंजूस बुआ से झटके पांच सौ रुपये उन्हें दिखाए तो महाराज अचंभित रह गए "बोले तुम सचमुच चतुर हो गोपाल। तुमने आज वह कमाल कर दिखाया जो लगभग असंभव था। तुम तो चील के घोंसले से मांस खींच लाये। खैर, मैंने तुमसे दुगुने इनाम का वायदा किया था, सो मैं अपना वादा पूरा करता हूं। सुबह कोषाध्यक्ष के पास जाकर एक हजार रुपये ले लेना। मैं उसे निर्देश दे दूंगा।

"महाराज की जय हो।" गोपाल ने झुककर उन्हें आदाब बजाया और खुशी-खुशी अपने घर रवाना हो गया।

2

अनपढ़ होने का दर्द

एक बार अधेड़ आयु की एक स्त्री गोपाल के पास पहुंची और उससे कहा- "गोपाल भैया! मेरा एक छोटा सा काम कर दो।"

"कौन सा काम?" गोपाल ने पूछा।

"मेरा बेटा यहां से बहुत दूर कासिमपुर में नौकरी करता है। बहुत दिनों से उसकी राजी-खुशी का कोई समाचार नहीं मिला है। तुम पढ़े-लिखे आदमी हो। उसे एक चिट्ठी लिख दो कि इस बार दुर्गापूजा के अवसर पर जरूर-जरूर अपनी मां से मिलने आ जाए।" यह कहकर उस स्त्री ने लिफाफा गोपाल के हाथ में दे दिया।

गोपाल ने लिफाफा तो ले लिया, किंतु सिर पर हाथ फिराते हुए गंभीर मुद्रा में बोला- "माई! तुम्हारा काम करके मुझे बहुत खुशी होती, किंतु करूं क्या? इस समय मैं उसे चिट्ठी नहीं लिख सकता।"

"ऐसा मत कहो भाई। मैं बड़ी उम्मीद लेकर तुम्हारे पास आई हूं।" स्त्री ने गोपाल से विनयपूर्वक कहा।

"मैंने कह दिया न माई, मैं इस समय चिट्ठी नहीं लिख सकता।"

"गोपाल भईया क्यों नखरे कर रहे हो? लिख भी दो न। दो अक्षर ही तो लिखने हैं।" स्त्री ने फिर से अनुरोध किया।

"नहीं लिख सकता माई, इस समय मेरे पैरों में जोर का दर्द हो रहा है।" गोपाल बोला।

"गोपाल भैया, चिट्ठी हाथों से लिखी जाती है, पैरों से नहीं। भला पैरों के दर्द का चिट्ठी लिखने से क्या संबंध?"

"है न माई। पैरों के दर्द का चिट्ठी लिखने से गहरा संबंध है।"

"वो कैसे?"

"माई! अपनी लिखी चिट्ठी मैं ही समझ सकता हूं। दूसरा कोई व्यक्ति उस चिट्ठी का एक अक्षर भी नहीं पढ़ सकता। इससे पहले

मैंने जितनी भी चिट्ठियां लिखी, उन्हें पढ़ने के लिए मुझे ही वहां जाना पड़ा। अभी भी एक चिट्ठी को पढ़कर तीन कोस से पैदल चला आ रहा हूं। दुबारा पंद्रह कोस दूर कासिमपुर तक जाने की मुझमें हिम्मत नहीं है।" यह कहकर गोपाल हंस पड़ा।

स्त्री को गोपाल के उत्तर से बड़ी निराशा हुई। वह बेचारी अनपढ़ महिला गोपाल की बात का मर्म नहीं समझ पाई कि गोपाल अधिक पढ़ा-लिखा नहीं था। गोपाल को हंसता हुआ देखकर उसने यही समझा कि वह उसकी हंसी उड़ा रहा है। वह क्रोधित स्वर में बोली- "गलती मेरी ही है जो मैं तुम्हारे पास चली आई। मुझे पहले ही समझ लेना चाहिए था कि तुम तो एक भांड हो, भांडपने के अलावा तुम्हें कुछ और नहीं आता। भड़ैती के बल पर ही तुम महाराज की नाक के बाल बने हुए हो। छिः धिक्कार है तुम पर। ऐसा कहकर वह स्त्री पांव पटकती हुई वहां से चली गई।

उस स्त्री के जाने के बाद बहुत देर तक गोपाल गुमसुम हालत में बैठा रहा। वह स्त्री उसे अनपढ़ होने का उलाहना देकर गई थी। अतः उस दिन गोपाल ने यही सबक हासिल किया कि वह कल से ही किसी अच्छे गुरु से पढ़ना-लिखना सीखेगा ताकि आगे से कोई भी व्यक्ति उसे अनपढ़ होने का उलाहना न दे सके। बस, इसी निश्चय के साथ गोपाल ने अगले दिन से विद्याध्ययन आरंभ कर दिया।

3

गोपाल ने नापी धरती

हमेशा की तरह उस दिन भी महाराज कृष्णचंद्र अपने दरबार में बैठे हुए थे कि तभी द्वारपाल ने उनके पास पहुंचकर सूचित किया– “हुजूर! मुर्शिदाबाद के नवाब के यहां से एक संदेशवाहक आया है, उसने यह पत्र आप तक पहुंचाने के लिए कहा है।” यह कहकर द्वारपाल ने सम्मानपूर्वक शाही मोहर लगा एक पत्र महाराज को दे दिया।

नवाब का नाम सुनते ही महाराज का दिल धड़क उठा। पत्र को हाथ में लेकर वे मन ही मन बुदबुदा उठे- आ गई फिर कोई नई मुसीबत। उन्होंने हाथ के संकेत से द्वारपाल को जाने का संकेत किया और पत्र खोलकर पढ़ने लगे। पत्र पढ़ते ही उनकी हालत खराब होने लगी। दिल बुरी तरह धड़कने लगा। माथे पर पसीने की बूंदें आ गई। बात ही कुछ ऐसी थी। उस दिन उस सनकी नवाब मीरजाफर ने सचमुच उनके सामने एक मुसीबत खड़ी कर दी थी।

इस बार जो संदेश भेजा था, उसका विवरण कुछ इस प्रकार था। "महाराज कृष्णचंद्र! मुझे यह जानने की बहुत उत्सुकता है कि यह धरती, जिस पर हम रहते हैं, आखिर है कितनी लंबी और चौड़ी? मुझे धरती का सही नाप चाहिए। इसके लिए आपको पंद्रह दिन का समय दिया जाता है। यदि इस निर्धारित अवधि में मुझे मेरे प्रश्न का उत्तर नहीं मिला तो मैं आपको कृष्णा नगर की राजगद्दी से हटाकर किसी दूसरे व्यक्ति को वहां की सत्ता सौंप दूंगा।

हस्ताक्षर

मीरजाफर, नवाब मुर्शिदाबाद

महाराज बहुत देर तक पत्र हाथ में लेकर शून्य की ओर ताकते रहे। उनके मन में तरह-तरह की आशंकाएं घूम रही थी। वे सोच रहे थे इस असंभव प्रश्न का हल कैसे निकलेगा? क्या अपने प्रश्न का उत्तर न मिलने पर नवाब मुझे सचमुच राजगद्दी से उतार देंगे? महाराज जितना भी इस बात पर गौर करते, उनकी चिंताएं उसी गति से बढ़ती जा रही थी। उसी समय गोपाल महाराज के पास पहुंचा और उनका सम्मानपूर्वक आदर करके एक ओर खड़ा हो गया। महाराज कृष्णचंद्र ने उसके अभिवादन का कोई उत्तर नहीं दिया, वे चिंतन में डूबे रहे।

काफी समय बीत गया तो गोपाल से रहा न गया। हिम्मत करके उसने पूछ ही लिया- "महाराज, क्या बात है आज आप इतने उदास

क्यों हैं? मुझे अपनी समस्या बताइए, हो सकता है कि मैं आपकी चिंता का निवारण कर सकूं।"

तुम भी इस समस्या से नहीं निपट सकोगे, गोपाल! समस्या ही ऐसी है। महाराज बोले।

"पर महाराज आप बताइए तो सही। आपकी चिंता दूर करने के लिए आपका यह सेवक अपनी जान की बाजी लगा देगा।" गोपाल ने कहा। महाराज ने तब सारी घटना उसे बता दी।

सुनकर गोपाल ने कहा। "महाराज! आप बिल्कुल चिंता न करें। मैं आपकी इस समस्या को चुटकियों में हल कर दूंगा।"

"परंतु कैसे? कैसे तुम इतनी बड़ी धरती का नाप ले सकोगे? महाराज ने चिंतित स्वर में पूछा।

"उसकी बात छोड़िए महाराज। नवाब ने आपको पंद्रह दिन का समय दिया है। मैं एक हफ्ते में ही नवाब के प्रश्न का उत्तर दे दूंगा। बस, आप पच्चीस बैलगाड़ी भरकर बटे हुए सूत का इंतजाम करा दीजिए।"

"पच्चीस बैलगाड़ी भरकर सूत!" आश्चर्य से महाराज ने पूछा- "इतना सूत तो पूरे नगर में भी नहीं मिलेगा।"

"मिल जाएगा। यहां नहीं मिलेगा तो दूसरे नगरों में मिल जाएगा। इतने सूत का इंतजाम करवाना आप के लिए कौन सा मुश्किल काम है।

महाराज कृष्णचंद्र को गोपाल की बुद्धि पर भरोसा था। वे जानते थे कि गोपाल जरूर इस कार्य को पूरा कर दिखाएगा। पहले भी वह अनेक बार अपनी चतुराई से असंभव से दिखने वाले कार्य करके दिखा चुका था। उन्होंने सारा प्रबंध करने के लिए अपनी सहमति व्यक्त कर दी।

जब सारा प्रबंध हो गया तो गोपाल ने सारा सूत पच्चीस बैलगाड़ियों में लदवाया और चल पड़ा मुर्शिदाबाद की ओर। दो दिन की यात्रा के बाद बैलगाड़ियों का काफिला नवाब के महल के सामने पहुंचकर रुका। गोपाल ने अपने आने की खबर नवाब के पास पहुंचाई तो नवाब ने तत्काल उसे अंदर बुलवा लिया। नवाब गोपाल से भलि भांति परिचित था कि यह व्यक्ति राजा कृष्णचंद्र का एक दरबारी है, अतः उसने छूटते ही पूछा- "धरती की नाप लाए हो गोपाल?"

"लाया हूं, हुजूर।"

"तो पेश करो न।" नवाब ने आदेश दिया।

"हुज़ूर! उसके लिए आपको थोड़ी सी जहमत उठानी पड़ेगी। आपको बाहर चलना पड़ेगा।"

नवाब धरती की नाप देखने के लिए उतावला हो रहा था, वह तुरंत गोपाल के साथ चल पड़ा। गोपाल उसे बैलगाड़ियों के काफिले के पास ले आया। बोला– "संभलवा लीजिए हुज़ूर, ये है धरती का सही नाप।"

"क्या मतलब?" नवाब ने असमंजस भरे स्वर में पूछा।

"मतलब स्पष्ट है हुज़ूर। इन गाड़ियों में सूत के बंधे हुए गोले भरे पड़े हैं। एक गाड़ी में गोलों की संख्या है दस हजार। कुल मिलाकर

है पच्चीस गाड़ियां। अब हिसाब आप लगा लीजिए कि कुल मिलाकर कितने गोले हुए हैं।"

आगे कहो। "हुजूर इन पच्चीस गाड़ियों में से चौदह तो धरती की लंबाई और शेष ग्यारह धरती की चौड़ाई। जब आप एक गोले का सिरा दूसरे गोले से बांध कर खीचेंगे तो लम्बाई और चौड़ाई निकल आएगी। अंतिम गोले का सूत समाप्त होते ही आपको धरती की लम्बाई और चौड़ाई का पता चल जाएगा।" कहकर गोपाल धूर्तता से मुस्कराया।

नवाब समझ गया कि यह एक असंभव सा कार्य है। ऐसा करते हुए तो अनेक वर्ष बीत जाएंगे। झेंपकर बोले- ठीक है, हमें अपने प्रश्न का उत्तर मिल गया। अब तुम जा सकते हो। "हुजूर! मैंने इतना बड़ा काम कर दिखाया है, क्या मुझे इसके लिए कोई इनाम-इकराम नहीं देंगे?"

नवाब के मन में तो आया कि वह इनाम के बदले गोपाल को सौ कोड़े लगवाए। किंतु इज्जत का सवाल था इसलिए मन ही मन खीझते हुए उसने गोपाल को सौ मोहरे दिलवा दी। गोपाल इनाम लेकर गाड़ियों के साथ वापस कृष्णा नगर लौट पड़ा। नवाब ने गाड़ियों में लदा सूत भी नहीं उतरवाया था, अतः वह उस सूत का भी मालिक बन गया।

कृष्णा नगर पहुंचकर गोपाल ने सारा किस्सा महाराज को सुनाया तो वे बहुत खुश हुए। नवाब को इस प्रकार मूर्ख बनाए जाने पर दरबारी भी दिल खोलकर हंसे और उन्होंने गोपाल की बुद्धि का लोहा मान लिया।

4

सोचो कुछ नया-नया

गोपाल भांड की आदत थी कि वह नित्य प्रति कोई नया काम करने की योजना बनाता रहता था। एक दिन जब वह राजदरबार जाने के लिए घर से निकला तो उसकी नजर झल्ली सिर पर रखे एक हट्टे-कट्टे मजदूर पर पड़ी। उसे देखकर गोपाल को एक नई शरारत सूझी। उसने झल्ली वाले को आवाज देकर बुलाया और कहा- "भाई झल्ली वाले! बोझा ले चलोगे?"

"क्यों नहीं हुजूर! बोझा ढोना ही तो मेरा पेशा है।" झल्ली वाले ने कहा। फिर इधर-उधर देखते हुए पूछा- "क्या ले चलना है हुजूर, सामान तो यहां कुछ दिखाई नहीं दे रहा है।"

"मैं स्वयं झल्ली में बैठकर राजदरबार जाऊंगा।" गोपाल बोला।

झल्ली वाला खीं-खीं करके हंसने लगा, फिर गंभीर होकर बोला- "सुबह-सुबह क्यों मजाक करते हो, साहब। इतने बड़े दरबारी होकर आप झल्ली में बैठकर राजदरबार जाएंगे तो दूसरे लोग क्या सोचेंगे?"

"मुझे दूसरों की चिंता नहीं है, तुम अपनी कहो, उठाकर चल सकोगे मेरा भार?"

"क्यों नहीं? उचित मजदूरी मिले तो मैं हाथी को भी उठाकर ले जा सकता हूँ। पर हुजूर! मजदूरी कितनी देंगे?"

“पूरे दो रुपये। मंजूर है तो बोलो नहीं तो अपना रास्ता नापो। मजदूर मान गया। गोपाल उसकी झल्ली में बैठकर राजदरबार की ओर चल पड़ा। रास्ते में लोगों ने उसे झल्ली में बैठे देखा तो आश्चर्य करने लगे। एक व्यक्ति बोल पड़ा– “देखो गोपाल भांड को! कितना इतराने लगा है। महाराज के बहुत मुंह लग गया न। लगता है, शेर को सवा शेर मिल गया है किसी से पिटकर टांगे तुड़वा बैठे होंगे जनाब। अच्छा हुआ अब इसके बड़बोलेपन पर कुछ तो अंकुश लगेगा।” दूसरे ने कहा।

गोपाल को देखकर लोग उसका मजाक उड़ाने लगे। गोपाल ने उनकी सारी बातें एक कान से सुनकर दूसरे कान से निकाल दी। उसने

सोचा कि ये तो संसार है जितने लोग उतनी बातें। आखिर वह किस किसको संतुष्ट करता रहेगा। किस-किसकी बात का वह जवाब देता रहेगा। खैर, अनेक व्यंग्योक्तियों का सामना करते हुए वह राजदरबार में पहुंचा।

राजदरबारी उसे झल्ली में बैठा देखकर आश्चर्य करने लगे। महाराज की निगाह पड़ी तो चिंतातुर स्वर में बोले- अरे गोपाल झल्ली में क्यों बैठे हो, किसी ने टांग तोड़ दी क्या?

"आपका अंदाजा गलत है, महाराज! कोई और अंदाजा लगाइए कि मैं झल्ली में बैठकर क्यों आया हूं?" गोपाल ने कहा।

तब तो तुम्हारे पिछले हिस्से में कहीं चोट लगी है। महाराज फिर बोले।

"ये भी गलत है महाराज। चोट बिल्कुल नहीं लगी। कोई और अनुमान लगाइए।"

तब फिर कहीं गिर जाने के कारण तुम्हें चोट लगी है। महाराज ने पुनः कहा।

"नहीं महाराज आपके सारे अंदाजे गलत हैं।" झल्ली से कूदकर बाहर आते हुए गोपाल ने कहा- "सच तो ये है कि रोज-रोज एक ही तरह से आना मुझे अच्छा नहीं लगता। इसीलिए आज थोड़ा परिवर्तन किया है। इसी को तो कहते हैं-नित नया!

गोपाल की बात सुनकर दरबारी मुस्करा कर रह गए। महाराज ने भी मौन साध लिया। गोपाल की हरकतें होती ही ऐसी थी।

5

सेर को सवा सेर

एक बार गोपाल अपने मित्र के यहां पड़ोस के गांव में गया। लौटते समय उसके मित्र ने एक छोटी सी कड़ाही भेंट की और कहा–अपने धनंजय ने दो कड़ाहियां कलकत्ता से भेजी थी। एक मैंने रख ली है, दूसरी तुम्हारे लिए है। ले जाओ, छोटी मछलियां तलने के काम आएगी।

कड़ाही लिए गोपाल वापस लौट रहा था कि नदी किनारे किसी ने पीछे से आवाज लगाई– अरे गोपाल भाई जरा ठहरो तो। गोपाल ठिठककर रुक गया। पीछे मुड़कर देखा तो एक नौजवान उसे अपनी ओर आता दिखाई दिया। गोपाल उसे जानता था वह एक दरजे का गपोड़ी था। उसका नाम था शंकर।

ये क्या ले जा रहे हो गोपाल भैया? शंकर ने कड़ाही की तरफ संकेत करके पूछा।

कड़ाही है और क्या? गोपाल ने कहा।

“इतनी छोटी कड़ाही! इस कड़ाही का भला क्या इस्तेमाल होगा?” शंकर ने पूछा।

“मछलियां तलूंगा। आजकल हिलसा मछली का मौसम है ना।”

“ऊह, ये भी भला कोई कड़ाही है। अरे कड़ाही तो थी मेरे मामा के पास। वैसी कड़ाही न आज तक बनी है और न आगे बनेगी। जानते हो गोपाल, कितनी बड़ी कड़ाही थी वह?

"मैं क्या जानूं? कुछ बताओगे तो जानूंगा भी।" गोपाल ने कंधे उचकाकर कहा।

"मेरे मामा की कड़ाही का दायरा दो कोस था और वह इतनी ही गहरी थी। इससे तुम अंदाजा लगा सकते हो वह कितनी बड़ी कड़ाही रही होगी।" शंकर ने गर्वयुक्त स्वर में कहा।

शंकर की बात सुनकर गोपाल ने जोर का ठहाका लगाया। बोला- "तब तो तुमने कुछ भी नहीं देखा दोस्त। मैंने तो इससे भी कहीं ज्यादा

अजूबे देखे हैं। मेरे दादा जी रोज एक बड़ी हिलसा मछली लाते थें और उसे तलकर पूरा ही निगल जाते थे।"

"लो बोलो। इसमें आश्चर्य वाली क्या बात हो गई? शंकर बोला तली हुई हिलसा मछली हर कोई निगल सकता है।"

"अरे भई, वह कोई साधारण मछली नहीं होती थी।" गोपाल बोला– "विशेष प्रकार की बहुत बड़ी मछली होती थी। उस मछली की लंबाई डेढ़ कोस और चौड़ाई एक कोस होती थी और उसके मुंह की तो बात मत पूछो, वह भारी भरकम हाथी को भी निगल सकती थी।"

गोपाल की बातें सुनकर गपोड़ी की आंखें आश्चर्य से फैल गई। बोला इतनी बड़ी मछली तो मेरे बाप–दादा ने भी कभी नहीं देखी और न ही कभी किसी से इतनी बड़ी हिलसा के बारे में सुना। तुम जरूर गप मार रहे हो गोपाल, अच्छा जरा बताओ कि उस मछली को तलते कहां थे तुम्हारे दादा जी?

"उसी कड़ाही में जो तुम्हारे मामा के पास थी।" गोपाल ने जवाब दिया।

गोपाल का जवाब सुनकर शंकर की बोलती बंद हो गई उसने फिर कभी गोपाल के सामने गप नहीं हांकी।

6

तू डार–डार मैं पात–पात

एक बार महाराजा कृष्णचंद्र का एक संबंधी उनसे मिलने कृष्णा नगर आया। महाराज ने उसका खूब स्वागत–सत्कार किया और अपने महल में ही उसके आवास की व्यवस्था करा दी।

महाराज का विशेष कृपा पात्र होने के कारण गोपाल का उनके महल में बेरोकटोक आना जाना लगा रहता था, इसलिए एक दिन

अपने उस संबंधी से महाराज ने गोपाल का भी परिचय करा दिया। लेकिन न जाने क्यों पहली ही नजर में उसे गोपाल पसंद नहीं आया और वह गोपाल की सूरत से भी चिढ़ने लगा। उसके व्यवहार से गोपाल भी समझ गया कि इन महाशय को मेरा चेहरा पसंद नहीं, इसलिए ये मन ही मन मुझसे कुढ़ने लगे हैं। अब तो गोपाल ने भी उन्हें खिझाना और चिढ़ाना आरंभ कर दिया।

एक दिन गोपाल खूब बन-ठन कर राजसभा की ओर चला। उसने मलमल की धोती और सफेद रंग का कुरता पहना हुआ था। कंधे पर एक कीमती रेशमी शॉल डाला था, जिस पर एक चिड़िया की आकृति बनी हुई थी। रास्ते में गोपाल को महाराज के वही संबंधी मिले उसने गोपाल का मजाक उड़ाते हुए कहा- "गोपाल, तुम्हारी सज-धज से तो आज ऐसा लगता है जैसे कोई चिड़िया का गुलाम जा रहा हो।"

गोपाल भला कहां चूकने वाला था। वह तो स्वयं ही कोई न कोई मौका तलाशता रहता था कि कब महाराज के उस संबंधी से मुकाबला हो और कब वह उसे छेड़े और चिढ़ाए। इसलिए उसकी बात पर नहले पर दहला जड़ते हुए कहा- "सरकार! फिर देर किस बात की है, चिड़िया के इस गुलाम को अपनी बेगम देकर पकड़ लीजिए न।"

मेहमान को काटो तो खून नहीं। गोपाल भांड के उत्तर से उसकी बोलती बंद हो गई। उसके बाद फिर उसने कभी गोपाल को चिढ़ाने अथवा परेशान करने की कोशिश नहीं की।

7

गोपाल ने बनाया जुलाहे को पंडित

गोपाल के खेतों के पास एक जुलाहे का मकान था। जिसका नाम था दीनू। वह एक सीधा सादा व्यक्ति था। लेकिन उसकी बड़ी इच्छा थी कि लोग उसे विद्वान माने, उसे पंडित कहे। अब जुलाहा तो ठहरा एक छोटी जाति का आदमी, उसे पंडित कौन कहता? किसी के सामने यदि वह अपनी इच्छा जाहिर भी करता तो लोग उसे पागल समझते, कहते कि जुलाहा होकर पंडित बनने चला है।

दिन-रात दीनू के मन में यही बात घूमती रहती थी, लेकिन बेचारा मन मसोसकर रह जाता था। एक दिन उसके मन में यह विचार आया कि क्यों न गोपाल से पूछा जाए गोपाल बहुत चतुर व्यक्ति है। वह मेरी इच्छा को पूरी करने का सुझाव जरूर सुझा देगा। ऐसा विचार कर वह गोपाल के पास पहुंचा। लेकिन वहां जाकर भी उसे निराशा ही हाथ लगी। गोपाल की पत्नी ने उसे कह दिया कि अभी वे दरबार से नहीं आए।

दीनू मन में विचार करने लगा कि वह गोपाल के लौटने की प्रतीक्षा करे या वापिस लौट जाए। लेकिन फिर उसने गोपाल की प्रतीक्षा करने का निर्णय लिया।

संयोगवश उसी समय गोपाल दरबार से लौट आया। दीनू को एक वृक्ष के नीचे खड़ा देखकर उसने पूछा- "दीनू भाई, तुम यहां क्या कर रहे हो?"

“तुम्हारी प्रतीक्षा कर रहा था गोपाल भाई।” दीनू ने कहा अब तुम ही मेरी इच्छा पूरी कर सकते हो।

“रुपये-पैसों की जरूरत पड़ गई है क्या?” गोपाल ने मुस्कराते हुए पूछा।

“नहीं भैया। ईश्वर की कृपा से गुजारा तो खूब अच्छी तरह से हो रहा है।” दीनू ने कहा।

“तब फिर?”

दीनू ने तब अपनी समस्या बता दी। गोपाल कुछ देर तक दाएं हाथ की उंगली से अपना मस्तिष्क ठकठकाता रहा। फिर बोला-

“दीनू भाई! एक तरकीब है तो सही, जिससे लोग तुम्हें पंडित कहने लगेंगे। लेकिन उसमें थोड़ा खतरा भी है।”

“पंडित कहलाने के लिए मैं कोई भी खतरा उठाने को तैयार हूं, गोपाल। तुम वह उपाय मुझे बता दो।

“उपाय बड़ा सरल है, कल तुम राजदरबार जाने वाले चौराहे पर जाकर खड़े हो जाओ। जब तुम्हें कोई पंडित कहकर पुकारे, तो तुम उसे मारने के लिए दौड़ना। बस फिर देखना, तुम जहां जाओगे, लोग तुम्हें पंडित ही पंडित पुकारते फिरेंगे।

गोपाल की इस युक्ति को सुनकर दीनू बहुत खुश हुआ। अगले दिन जैसे ही राजमार्ग पर आवाजाही होने लगी, वह चौराहे पर जाकर खड़ा हो गया। कुछ ही देर बाद गोपाल भी वहां आ पहुंचा। सड़क से कुछ हटकर लड़कों का एक दल खेल रहा था। गोपाल ने उन लड़कों के पास जाकर बता दिया कि चौराहे पर खड़ा व्यक्ति पंडित कहने पर बहुत चिढ़ता है, तुम लोग चाहो तो उसे चिढ़ाकर आनंद ले सकते हो। बस फिर क्या था। सारे लड़के पहुंच गए दीनू के पास और उसे पंडित-पंडित कहकर चिढ़ाने लगे। दीनू उन्हें मारने के लिए दौड़ने लगा। कुछ ही देर बाद वहां भीड़ जुट गई। अब और लोग भी दीनू को पंडित-पंडित कहकर चिढ़ाने लगे। दीनू ज्यों-ज्यों लोगों पर चिढ़ता, त्यों त्यों लोग उसे चिढ़ाते। इस प्रकार थोड़े ही समय में दीनू 'मूर्ख पंडित' के नाम से मशहूर हो गया। दीनू का मतलब जब हल हो गया, तो उसने गोपाल के कहने के अनुसार चिढ़ना बंद कर दिया, किंतु लोगों ने उसे पंडित कहना बंद नहीं किया। गोपाल की चतुराई से दीनू की जीवन भर की चाह पूरी हो गई।

8

दिन का सपना

गोपाल का एक पड़ोसी था, नाम था गोविंदा। वह वृद्ध हो चला था, किंतु अब भी ऊंचे-ऊंचे ख्वाब देखता रहता था। उसकी पत्नी मालिनी भी उसी के स्वभाव वाली थी।

एक दिन दोनों पति-पत्नी बैठकर विचार करने लगे-सोचता हूं कहीं से कुछ जुगाड़ लग जाए तो एक गाय खरीद लूं। तब तो हमें जल्दी ही नए बरतनों की आवश्यकता पड़ेगी।" पत्नी बोली।

"नए बरतन! वो किसलिए?" गोविंदा ने पत्नी के मुंह की ओर देखते हुए पूछा।

"तुम तो नीरे बुद्ध हो जी। गाय जब दूध देगी तो उसे रखेंगे कहां? बेहतर होगा मैं बाजार से कुछ बरतन खरीद लाऊं" पत्नी बोली।

गोविंदा ने सिर हिलाकर सहमति व्यक्त कर दी। गोविंदा की पत्नी बाजार गई और मिट्टी के पांच बरतन खरीद लाई एक-दो नहीं, पांच-पांच बरतनों को देखकर गोविंदा चिढ़ गया। पूछा- ये क्या? तुम तो पूरा बाजार ही खरीद लाई हो।

"वह इसलिए कि दूध, दही, मक्खन और दूध पीने के लिए भी तो बरतनों की जरूरत पड़ेगी न। हमारी गाय खूब दूध जो देगी।" पत्नी बोली।

"हे भगवान्। इसके लिए तो चार ही बरतन लगेंगे। फिर ये पांचवां बरतन किसलिए?" गोविंदा तुनका।

"इस पांचवें बरतन में मैं थोड़ा सा दूध अपनी बहन के घर भी ले जाऊंगी, इसलिए।"

"बहन के घर दूध ले जाओगी, वह भी मुझसे पूछे बिना।" गोविंदा को गुस्सा आ गया। उसे अपनी साली फूटी आंख भी नहीं सुहाती थी। उसने बरतन उठाया और खिड़की से बाहर फेंक दिया।

पत्नी को भी गुस्सा आ गया। बोली - मैं इस घर की मालकिन हूं, तुम्हारी नौकरानी नहीं। जब मैं गाय दुहूंगी, सानी-पानी करूंगी, तो दूध का जो जी में आएगा, वही करूंगी।

नहीं कर सकती गाय मेरी है। रुपये मेरे लगे हैं, मूर्ख औरत भाड़ में जा तू और तेरे बरतन। गोविंदा का स्वर और भी ऊंचा हो गया। अब उसने शेष बरतन भी उठाकर एक-एक करके दरवाजे की ओर फेंकने शुरू कर दिए।

उसी समय गोपाल उनका हो-हल्ला सुनकर वहां पहुंचा। उसने दोनों को शांत किया और पूछा- "गोविंदा! आखिर माजरा क्या है? तुम दोनों किस बात पर झगड़ रहे हो?"

"ये औरत मेरी गाय का दूध अपनी बहन को देने जा रही थी।" क्रोधित स्वर में गोविंदा ने बताया।

"तुम्हारी गाय! कहां है तुम्हारी गाय? मुझे तो कहीं दिखाई नहीं देती। इधर-उधर देखते हुए गोपाल ने पूछा। भई तुमने गाय कब खरीद ली?"

"अरे जब रुपया होगा, तब तो खरीदूंगा, वह गाय।" गोविंदा ने कहा।

"ओह समझा।" गोपाल बोला- "पर अभी तो तुम्हारे पास गाय नहीं है तब फिर कैसा झगड़ा?

"तो क्या हुआ? मैं खरीदने वाला हूं न।"

"हुम्म तो ये बात है। तब तो मुझे भी कुछ करना पड़ेगा।" गोपाल बोला। उसने नीचे झुककर एक लकड़ी उठा ली और लगा गोविंदा को पीटने।

गोविंदा चिल्लाया- "अरे-अरे, ये क्या कर रहे हो तुम? मुझे क्यों मारते हो? मैंने क्या बिगाड़ा है तुम्हारा?"

गोपाल ने हाथ रोक लिया। बोला- "तुमने नहीं, तुम्हारी गाय ने बिगाड़ा है। मैं अपने बगीचे में जो गोभी उगाने वाला हूं उसे तुम्हारी गाय खा गई है।"

"उगाने वाले हो? इसका मतलब ये कि तुमने गोभी बोई भी नहीं।" गोविंदा ने चकित स्वर में पूछा।

"और तुमने भी तो गाय खरीदी नहीं और लगे झगड़ने। अरे भले मानस दिन में सपने देखना बंद करो। पहले गाय तो खरीदो फिर यदि कोई विवाद हो तो आपस में बैठकर सुलझाना।" गोपाल ने समझाया।

बात गोविंदा की समझ में आ गई। उस दिन के बाद उसने ऊंचे-ऊंचे ख्वाब देखने की आदत छोड़ दी और किसी भी तरह से अपनी आमदनी बढ़ाने के प्रयास में लग गया। उस दिन के बाद गोपाल को उनके घर से झगड़ने की आवाज नहीं सुनाई दी।

9

गोपाल और दान का सांड

मुर्शिदाबाद का तत्कालीन नवाब मीरजाफर बहुत मौका परस्त आदमी था। बंगाल के पूर्ववर्ती नवाब सिराजुद्दोला से गद्दारी कर वह अंग्रेजों से जा मिला था। अंग्रेजी हुकूमत ने तोहफे के रूप में उसे अंग्रेजों का नवाब बना दिया था। मीरजाफर मन ही मन कृष्णा नगर के राजा कृष्णचंद्र से विद्वेष रखता था। मुस्लिम राज्य के बीच एक हिंदू रियासत उसकी आंखों में खटकती रहती थी। वह राजा कृष्णचंद्र को परेशान करने के लिए मौका तलाश करता रहता था, लेकिन राजा कृष्णचंद्र के चतुर दरबारी गोपाल भांड के कारण उसकी हर चाल नाकाम हो जाती थी। गोपाल बड़ी चतुराई से राजा कृष्णचंद्र पर आए संकट का निदान ख़ोज निकालता था।

एक बार की बात है, मीरजाफर अपने लाव-लश्कर के साथ राज्य के दौरे पर निकला। यात्रा के दौरान उसने अपना पड़ाव कृष्णा नगर के समीप डाला था। उन दिनों श्राद्ध चल रहे थे। राजा कृष्णचंद्र ने कुछ ही दिन पहले अपने पिता की आत्मा की शांति के लिए श्राद्ध-कर्म किया था। इस उपलक्ष्य में उन्होंने दान स्वरूप एक हट्टा-कट्टा सांड सीमा के समीप छुड़वा दिया था।

एक दिन वह सांड इधर-उधर विचरण करता नवाब के शिविर के पास पहुंचा। संयोग से मीरजाफर की लालची निगाहें उस सांड पर पड़ गईं। वह उसका मांस खाने के लिए आतुर हो उठा। उसने अपने सैनिकों को आदेश देकर उस सांड को पकड़वा लिया। यह खबर जब

राजा कृष्णचंद्र को लगी, तो वे बेचैन हो उठे। वे समझ गए कि अब सांड का बचना मुश्किल है। गोमांस का शौकीन मीरजाफर अवश्य ही सांड का वध कराकर उसका मांस खा जाएगा। इस बात से राजा कृष्णचंद्र उदास रहने लगे।

शाम का समय था। राजा कृष्णचंद्र उदास भाव में अपने कक्ष में बैठे हुए थे। तभी गोपाल वहां पहुंचा। उसने राजा का अभिवादन

किया और चुपचाप एक ओर खड़ा हो गया। जब काफी देर तक राजा ने उससे बात नहीं की तो गोपाल ने पूछ ही लिया- "क्या बात है अन्नदाता! आज आप बहुत उदास दिखाई दे रहे हो?"

राजा कृष्णचंद्र ने एक गहरी सांस ली और बोले- "हां गोपाल! बात ही कुछ ऐसी है।"

"मुझे बताइए अन्नदाता! हो सकता है आपका यह सेवक आपकी चिंता दूर कर सके।"

तब राजा ने उसे सारी बात बता दी। फिर बोले- "गोपाल मैं चाहता हूं कि किसी प्रकार उस सांड को मीरजाफर के पंजे से मुक्त करा लिया

जाए। मैं यदि सीधे-सीधे उसके पास जाकर सांड छोड़ने का आग्रह करूंगा तो नवाब मेरी बात नहीं मानेगा क्योंकि उसे तो आनंद आता है मुझे सताने में। अतः तुम कोई ऐसी तरकीब निकालो कि सांड भी मुक्त हो जाए और नवाब भी संतुष्ट रहे।"

गोपाल ने कुछ क्षण सोचा, फिर बोला- सांड मुक्त हो जाएगा अन्नदाता। अब आप इस विषय में चिंता करनी छोड़ दीजिए।"

"लेकिन कैसे? कैसे मुक्त होगा हमारे द्वारा दान किया गया सांड?" राजा ने उत्सुकता से पूछा।

उसके लिए मेरे दिमाग में एक तरकीब है और मुझे शत प्रतिशत विश्वास है कि मेरी यह तरकीब अवश्य कामयाब होगी। किंतु मैं क्षमा चाहता हूं, अन्नदाता, अभी मैं उस तरकीब को आपको बता नहीं सकता।

मुझे जानने की उत्सुकता भी नहीं। मुझे काम के सफल होने से मतलब है। तुम किसी भी तरकीब से काम लो, बस मैं तो सांड की मुक्ति चाहता हूं। यदि तुम सांड को छुड़ा लाए तो मैं तुम्हें पुरस्कार स्वरूप दो सौ रुपये दूंगा। राजा ने कहा।

"इनाम तैयार रखिएगा अन्नदाता। मैं कल प्रातः होते ही जाता हूं नवाब के शिविर में। विश्वास रखिए कल आपका सांड आजाद हो जाएगा।" कहकर गोपाल ने महाराज का अभिवादन किया और वहां से चला गया।

वहां से चलकर गोपाल पहुंचा नवाब के शिविर में। नवाब का वजीर उसे बाहर ही टहलता हुआ मिल गया। उसने गोपाल को पहचान लिया। बोला- आओ मियां भांड! कहो अपने राजा की कोई खबर लाए हो?

गोपाल उसकी बात का उत्तर देता इससे पहले ही नवाब भी शिविर से बाहर निकल आया। गोपाल ने सम्मानपूर्वक झुककर नवाब का अभिवादन किया। नवाब भी गोपाल को भलि भांति पहचानता था। वह कई बार अपनी चतुराई से नवाब को बेवकूफ बनाकर अपना कार्य सिद्ध कर चुका था। नवाब ने किंचित मुस्कराते हुए पूछा- कहो गोपाल, यहां कैसे आना हुआ।

"हुजूर के दर्शन करने की बहुत इच्छा थी।" गोपाल ने खुशामदी स्वर में कहा- "जब सुना कि हुजूर यहां ठहरे हुए हैं, तो खुद को न रोक सका और आपके दर्शन को चला आया। नवाब अपनी प्रशंसा सुनकर खुश हो गया। वह उसे अपने कक्ष में ले गया और दासी से कहकर गोपाल को ठंडा शरबत पिलाया।

गोपाल ने इधर-उधर नजरें दौड़ाई तो राजा कृष्णचंद्र का सांड उसे मजबूत रस्सी से बंधा हुआ दिखाई दिया।

"सांड पसंद आया गोपाल?" अचानक नवाब ने उस सांड को देखकर पूछा- "इसे हमने कल ही पकड़वाया है। बहुत हट्टा-कट्टा है। इसका मांस खाने में बहुत लजीज होगा।"

नवाब की बात सुनकर गोपाल ने बुरा सा मुंह बनाया। बोला- हुजूर इस सांड का मांस खाएंगे?"

क्यों, क्या बुराई है इसमें हट्टा कट्टा तो है, नवाब बोला।

"हुजूर इसकी तंदरुस्ती पर न जाइए। जितना यह सांड तंदरुस्त है उतना ही गंदा है। लोग तो इसके समीप जाना भी पसंद नहीं करते।"

"वह क्यों भला?" नवाब ने उलझन भरे स्वर में पूछा।

"हुजूर! यह सांड सुअरों से भी गंदा है। सुअरों की तरह आदमियों का मल खाता है। इसने आस-पास के लोगों का शौच जाना बंद करवा दिया। जैसे ही लोग शौच करने बैठते, यह न जाने कहां से आ धमकता है और मल खाने लगता है। लोगों ने इसके डर से दिशा मैदान जाना ही छोड़ दिया है।"

नवाब का मुंह घृणा से सिकुड़ उठा। उसे उबकाई आने को हुई। बोला- "क्या सचमुच यह सांड आदमी की गंदगी खाता है?"

"गंदगी की बात तो दूर, हुजूर! यह तो अपना पेशाब भी पीता है।" गोपाल ने हवा दी।

तौबा-तौबा तब तो यह सांड नहीं सुअर है। हम अभी आदेश देकर इसे अपने खेमे से भगाए देते हैं।

नवाब ने उसी समय सिपाहियों को बुलाकर आदेश दिया- "इस सांड को खोलकर यहां से दूर छोड़ आओ और ध्यान रहे कि यह हमारे खेमे की ओर दोबारा न फटके। फिर धीमे स्वर में बुदबुदाया- "खुदा का शुक्र है कि मैं यह पाप करते बाल-बाल बचा।"

नवाब के सैनिकों ने उसी समय सांड की रस्सी खोली और उसे पीट-पीटकर नगर की ओर भगा दिया।

गोपाल मन ही मन खुश हो उठा। उसने नवाब से कहा- "तो हुजूर, अब इजाजत दीजिए। फिर कभी दोबारा दर्शन के लिए आऊंगा।"

"ठहरो गोपाल।" नवाब ने उसे रोकते हुए कहा- "आज तुमने हम पर बहुत बड़ा एहसान किया जो इस सांड की असलियत हमें बता दी। हम तुमसे बहुत खुश हैं। यह कहकर नवाब ने उसे सौ अशर्फियां इनाम में दीं। गोपाल ने झुककर नवाब को आदाब बजाया और वहां से चला आया।

महल में पहुंचकर जब उसने सांड को मुक्त कराने की कहानी सुनाई तो वहां मौजूद सभी लोग ठहाका मारकर हंस पड़े। राजा कृष्णचंद्र ने खुश होकर गोपाल को दुगुना इनाम दिया। इस प्रकार गोपाल की चतुराई से न सिर्फ सांड का जीवन बच गया बल्कि राजा कृष्णचंद्र के मन को भी शांति मिल गई।

10

गोपाल ने पकड़वाए चोर

एक बार आधी रात के समय गोपाल के घर में एक चोर घुस आया। गोपाल और उसकी पत्नी उस समय सोए हुए थे, किंतु जैसे ही उन्होंने चोर की आहट सुनी दोनों जागकर बिस्तर पर बैठ गए।

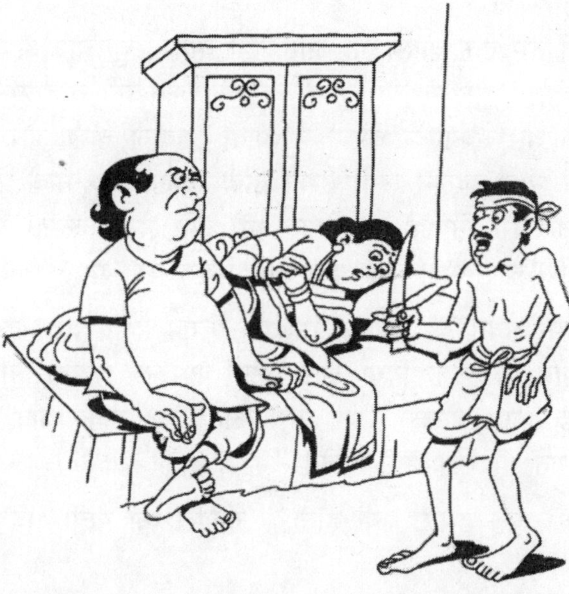

चोर को देखकर गोपाल की पत्नी चीखने को हुई, किंतु तभी चोर ने लपककर अपने खंजर की नोंक उसकी गरदन से टिका दी

और खतरनाक लहजे में कहा– "खबरदार जो एक भी शब्द मुंह से निकाला। जरा सी आवाज मुंह से निकाली तो पूरा खंजर तुम्हारे मुंह में घुसेड़ दूंगा। तुरंत अपने सोने के जेवर मेरे हवाले कर दो।"

पत्नी घिघियाई। बोली– "तुम्हें जो भी लेना है ले जाओ, बस हमारी जान बख्श दो।" वह चोर सतर्कतापूर्वक उस संदूक की ओर बढ़ा जिसमें उसका कीमती सामान रखा रहता था। तभी बाहर से कुछ आवाजें सुनाई पड़ी। चोर थमकर रुक गया। उसने गोपाल से पूछा– "यह कैसी आवाजें हैं?"

"लगता है तुम्हारी तरह ही कोई दूसरा चोर घर में घुसने की कोशिश कर रहा है। मैं जाकर देखता हूं।"

"नहीं तुम एक कदम भी आगे नहीं बढ़ोगे, चुपचाप अपनी जगह पर खड़े रहो।" चोर गुर्राया। दूसरे चोर के आने की बात सुनकर वह घबरा गया था। एकाएक बाहर से आती आवाजें कुछ और तेज हुई तो चोर के भाव बदलने लगे। उसने खंजर वाला हाथ नीचे कर लिया और याचना भरी निगाहों से गोपाल की ओर देखने लगा। गोपाल ने पूछा– क्यों "चोर भाई, क्या हुआ तुम घबरा क्यों गए?"

"मैं मर गया। यह तो डाकुओं का गिरोह है।" चोर बोला। उसने खंजर जमीन पर फेंक दिया और घुटनों के बल झुककर गोपाल के पांव पकड़ लिए। बोला– "मुझे बचा लो भैया! डाकू आते ही होंगे। वे लोग आते ही मुझे मार डालेंगे।"

"हाय! अब हमारा क्या होगा?" गोपाल की पत्नी भयभीत स्वर में बोली।

"शांत रहो प्रिय!" गोपाल ने अपनी पत्नी को दिलासा दिया– "ईश्वर हमारी रक्षा कर रहा है।" फिर उसने चोर से कहा– "ठीक है घबराओ मत। डाकुओं के जाने तक हम तुम्हें छुपा लेंगे।"

"भगवान् आपका भला करे।" चोर ने दुआएं दीं।

गोपाल ने अपने पलंग की ओर संकेत करके चोर से कहा– "जल्दी से इस पंलग के नीचे छिप जाओ। खबरदार तुम्हारी सांसों की आवाज भी सुनाई नहीं पड़नी चाहिए। हम तुम्हें बचा लेंगे।"

चोर जल्दी से उनके पंलग के नीचे सरक गया। उसके चेहरे पर हवाइयां उड़ने लगी थी। गोपाल ने अपनी पत्नी का हाथ पकड़ा और उसे कोने में ले जाकर बोला– "मैं मदद के लिए बाहर जा रहा हूं। मेरे लौटने तक तुम किसी तरह डाकुओं को अपनी बातों में उलझाए रखना।" फिर उसने धीमे से अपनी पत्नी के कान में एक योजना समझाई और जल्दी से मुख्य दरवाजे से बाहर निकल गया।

पीछे से पत्नी चिल्लाई– “जरा जल्दी लौटना। डर के कारण मेरी जान सूख रही है।”

“हां–हां! लेकिन जैसा मैंने कहा उसी के अनुसार काम करना।”

“गोपाल की पत्नी ने दरवाजा बंद किया ही था कि पिछवाड़े से डाकू घर में घुस गए। डाकुओं के सरदार ने हाथ में पकड़ा लंबा सा छुरा लहराते हुए कहा– “ऐ औरत! इधर आ। जान प्यारी है तो अपने सारे गहने और कीमती सामान हमारे हवाले कर दो।”

“पर वे तो ताले में बंद हैं।” गोपाल की पत्नी घिघियाई।

“चाबियां कहां हैं?”

“मेरे स्वामी के पास।”

"और तेरा स्वामी कहां है?"

"वहां।" कहते हुए गोपाल की पत्नी ने पंलग के नीचे की ओर संकेत कर दिया।

"डाकुओं ने चोर को देखा तो उनके सरदार ने चोर की टांग पकड़कर उसे बाहर खींच लिया। दो-तीन मुक्के उसके पेट में मारे और भयानक लहजे में बोला- "ए डरपोक! चाबियां निकाल।"

"मुझे छोड़ दो।" चोर गिडगिड़ाया- "मेरे पास चाबियां नहीं हैं।"

"घर का मालिक होते हुए तेरे पास चाबियां नहीं है? निकाल चुपचाप वरना गरदन काट डालूंगा।" डाकुओं का सरदार गरजा।

"मुझे मत मारो, सच कहता हूं, मैं इस घर का मालिक नहीं हूं।"

"ये ऐसे नहीं मानेगा सरदार, जब तक इसकी अच्छी तरह से धुलाई नहीं होगी।" डाकुओं में से एक डाकू बोला।

"ठीक है करो इसकी धुलाई।" सरदार ने आज्ञा दी।

बस, फिर क्या था। चोर पर लात-घूंसे बरसने लगे।

"हमें उल्लू बनाता है, बदमाश।" डाकू सरदार गुर्राया- "निकाल चाबियां। तेरी बीवी ने हमें बताया कि चाबियां तेरे ही पास हैं।"

"मेरी बीवी! ये आप क्या कह रहे हैं सरदार?" मार खाते हुए चोर ने रुआंसी आवाज से कहा- मैंने तो आज से पहले इस औरत को कभी देखा भी नहीं।

चोर का इतना कहना था कि एक जोरदार ठोकर उसके पेट पर पड़ी। सरदार ने गरजते हुए कहा- "अरे ओ डरपोक! अब अपनी बीवी को भी अपना नहीं मानता। हम तुझे इसकी सजा जरूर देंगे।

जब उस चोर की पिटाई हो रही थी, उसी समय गोपाल राज सैनिकों के साथ वहां पहुंचा। चोर को पिटते देख वह मन ही मन कह

उठा– “ये तो बहुत अच्छा हुआ। इसका मतलब यह कि मेरी योजना कामयाब हो गई। अब इस बेचारे को बचा ही लेना चाहिए।”

राज सैनिकों ने शीघ्र ही डाकुओं को काबू कर लिया। मार खाया हुआ चोर अभी भी एक खंभे के साथ खड़ा हुआ लंबी-लंबी सांसे भर रहा था।

सैनिकों के नायक ने गोपाल से पूछा– “गोपाल जी डाकू तो सारे काबू में आ गए, लेकिन तुम्हारा वह चोर दिखाई नहीं दे रहा। कहां है वह चोर?” यह सुनकर गोपाल की बीवी ने उस खंभे की ओर संकेत कर दिया, जिसके पीछे चोर छुपा था। सैनिक उसे पकड़ने आगे बढ़े, लेकिन तभी गोपाल बोल उठा रहने दीजिए नायक जी इसे छोड़ दीजिए। पहले ही ये बेचारा डाकुओं से अपनी हड्डी–पसली तुड़वा चुका है। इतना दंड काफी है इसके लिए।

सैनिकों ने चोर को छोड़ दिया। चोर वहां से ऐसे भागा जैसे मौत उसके पीछे भाग रही हो। उसने फिर पीछे मुड़कर नहीं देखा। अगले दिन जब गोपाल ने महाराज की उपस्थिति में दरबारियों को यह कहानी सुनाई तो सब हंसते–हंसते लोट–पोट हो गए। महाराज ने गोपाल की चतुराई की प्रशंसा की।

11

मुफ्त की मिठाई

गोपाल को बच्चों से बड़ा प्यार था। बच्चे भी उस पर जान छिड़कते थे और 'गोपाल चाचा-गोपाल चाचा' कहते नहीं थकते थे। अब बच्चे तो ठहरे शरारती, बहुत सी शरारतें करते और उन शरारतों में गोपाल को भी शामिल कर लिया करते।

एक दिन मोहल्ले के कुछ लड़के इकट्ठे होकर गोपाल के यहां पहुंचे। उनमें से जो सबसे बड़ा लड़का था वह बोला- "गोपाल चाचा हमारा एक काम कर दो।"

"कौन सा काम?"

"आज मिठाई खाने का मन कर रहा है। हमें मटरू हलवाई की दुकान से मुफ्त में मिठाई खिलवा दो।"

"मटरू हलवाई, वह तो महामक्खीचूस है। सारे दिन वह ग्राहकों को भी ठगता रहता है, मुफ्त में मिठाई भला क्यों देगा?" गोपाल ने कहा।

"लगाइए न कोई जुगत, चाचा।" दूसरा लड़का बोला- आप तो बहुत चतुर आदमी हैं। आपकी चतुराई के किस्से तो सारे राज्य में चर्चित हैं।

"हुम्म! सोचना पड़ेगा। वैसे मटरू बहुत धूर्त व्यक्ति है। "

“तो आप महाधूर्त बन जाइए, पर हमें मिठाई जरूर खिलाइए और वह भी मुफ्त में।” तीसरे लड़के ने गोपाल को उत्साहित करते हुए कहा।

“ठीक-ठीक है, अब ज्यादा मक्खन मत लगाओ। करता हूं कुछ।” कहता हुआ गोपाल घर से बाहर निकल गया।

गोपाल मटरू हलवाई की दुकान के समीप पंहुच गया। उसे मटरू की आदत का पता था। दोपहर के समय मटरू भोजन के

पश्चात् एक घंटे सोता था। गोपाल ने दूर से ही देखा कि मटरू दुकान में है या नहीं, जब उसे वह दिखाई नहीं दिया तो निश्चिंत होकर दुकान पर जा पहुंचा। दुकान में उस समय मटरू का छोटा लड़का बैठा था, वह ऊंघ रहा था। मिष्ठान से भरा थाल उसके समीप ही रखा था। गोपाल धीरे से लड़के के पास बैठ गया और मिठाई खानी शुरू कर दी।

अचानक लड़के की नींद खुल गई। उसने एक अजनबी को मिठाई खाते देखा तो चिल्ला पड़ा- "कौन हो तुम? बिना मुझसे पूछे, मिठाई की कीमत चुकाए बिना मिठाई क्यों खा रहे हो?"

"घबराओ मत बेटा।" गोपाल मिठाई खाते हुए बोला- "मैं तुम्हारे पिता जी की जान-पहचान वाला हूं। बेशक तुम उन्हें जाकर बता दो।"

"पर तुम कौन हो?"

"मेरा नाम मक्खी है।" गोपाल ने मुस्कराकर कहा।

लड़का उठकर खिड़की के पास गया और अपने पिता को आवाज लगाई- "पिताजी जल्दी उठिए। दुकान में मक्खी घुस आई है।"

मटरू को नींद आ रही थी। नींद में खलल पड़ने से वह लड़के पर झल्ला उठा- "अरे मूर्ख क्यों नींद खराब कर रहा है। मक्खी आ गई तो आने दो।"

"लेकिन पिताजी उसने मिठाई खानी शुरू कर दी है।" लड़के ने कहा।

"अरे ओ गधे! अक्ल से काम ले। मक्खी कितना खा लेगी? फिर जगाया तो बुरी तरह पिटाई करूंगा।"

करवट बदलते हुए मटरू ने कहा। गोपाल ने मिठाई से भरा थाल उठा लिया और दरवाजे की ओर बढ़ते हुए बोला- "मैंने कहा था न, तुम्हारे पिताजी मना नहीं करेंगे।"

लड़के ने पिताजी को आवाज लगाने के लिए फिर मुंह खोलना चाहा, लेकिन पिता के नाराज होने के डर से होंठ बंद कर लिए।

गोपाल मिठाई का थाल लिए बच्चों के पास पहुंचा और बच्चों से बोला- "लो बच्चों, मिठाई खाओ और जब दोबारा इस गली से गुजरना तो मटरू को धन्यवाद देना न भूलना। उसे मक्खी का नमस्कार भी कहना।

उधर, जब मटरू जागा और दुकान में पहुंचा, तो उसने मिठाई का थाल गायब देखा। लड़के से पूछा तो उसने सारी बात बता दी। सुनकर मटरू ने अपना सिर पीट लिया। वह लड़के पर बिगड़ने और उस व्यक्ति को कोसने लगा जो उसे मूर्ख बनाकर चला गया था।

12

किस्सा षष्टांग पुराण

एक बार महाराजा कृष्णचंद्र को मुर्शिदाबाद के नवाब मीरजाफर द्वारा भेजा गया एक संदेश प्राप्त हुआ, जिसमें उसने महाराज से अनुरोध किया था कि वे अपने यहां से कुछ ऐसे ज्योतिषी नवाब के पास भेज दें, जो अपनी ज्योतिष विद्या से ये बता सके कि जमीन के नीचे क्या होता है? नवाब का आग्रह स्वीकार कर महाराज ने कृष्णा नगर के ज्योतिष विद्या में पारंगत पांच ज्योतिषी नवाब के पास भेज दिए। दुर्भाग्यवश वे नवाब के प्रश्न का हल न खोज पाए। इस पर नाराज होकर नवाब ने उन पांचों ज्योतिषियों को कारागार में डलवा दिया।

राजा को जब यह बात मालूम हुई तो उन्हें ज्योतिषियों के जीवन की चिंता हुई। नवाब सनकी था, न जाने क्रोध में उन विद्वानों के साथ क्या कर बैठे। वैसे भी ज्योतिषी महाराज के आदेश पर ही मुर्शिदाबाद भेजे गए थे, अतः उन्हें सुरक्षित रूप से नवाब के चंगुल से आजाद कराना महाराज का कर्तव्य बनता था। महाराज पूरे दिन इसी चिंता में डूबे रहे कि किस प्रकार ज्योतिषी नवाब के कारागार से मुक्त कराए जाएं। लेकिन उन्हें कोई भी उपाय न सूझा। आखिर रात के समय उन्होंने गोपाल के यहां अपना संदेशवाहक भेजकर उसे अपने पास बुलाया और उसे अपनी समस्या बताई। सुनकर गोपाल ने कहा– “महाराज आप चिंता छोड़िए। मैं उन ज्योतिषियों को नवाब की कैद से आजाद करा लाऊंगा।”

"कैसे आजाद कराओगे।" नवाब ने पूछा।?

"यह आप मुझ पर छोड़ दीजिए। याद है आपको, नवाब को मैंने पहले भी छकाया है। वह अलग बात थी, अब प्रश्न है पांच व्यक्तियों के जीवन का। कहीं इस बार उसे तनिक भी संदेह हो गया कि तुम उसे मूर्ख बनाने की चेष्टा कर रहे हो, तो वह तुम्हें भी कारागार में डलवाए बिना नहीं मानेगा।" महाराज बोले।

"अन्नदाता, आप मेरी चिंता बिल्कुल मत कीजिए। मैं आपको विश्वास दिलाता हूं कि बहुत ही शीघ्र पांचों ज्योतिषी कृष्णा नगर सही सलामत पहुंच जाएंगे। बस आप नवाब को ये संदेश भिजवा दीजिए कि आप इस बार ज्योतिष विद्या में पारंगत एक ऐसा विद्वान भेज रहे हैं, जो नवाब की हर जिज्ञासा को शांत कर देगा।

महाराज को गोपाल की बुद्धि पर भरोसा था। वह हर समस्या का तत्काल कोई न कोई हल निकाल लेता था। पहले भी एक नहीं, कई समस्याओं को वह चुटकी बजाकर हल कर चुका था। अतः उन्होंने अपने संदेशवाहक के हाथों नवाब के पास यह संदेश प्रेषित कर दिया।

गोपाल देर रात को घर लौटा और विचार करने लगा कि वह किस प्रकार नवाब के चंगुल से अपने विद्वानों को मुक्त कराए? महाराज को आश्वासन और वचन तो वह दे आया था, जिसे उसे हर हालत में पूरा करना था। वह बहुत देर तक इस समस्या पर विचार करता रहा लेकिन कोई हल नहीं सूझ पाया। अतः वह यह सोचकर निद्रा देवी के हवाले हो गया कि कल प्रातः उठकर इसका हल खोजूंगा।

अगले दिन वह प्रातः रोजमर्रा की तरह उठा और दिशा मैदान के लिए नदी की ओर निकल गया। वापस लौटा तो आंगन में बैठकर दातुन करने लगा। आंगन में टूटी चारपाई पड़ी थी, जिसका एक पाया टूटकर नीचे गिर गया था। उस टूटे पाए को देखकर गोपाल की आंखों में चमक पैदा हो गई और तत्काल उसके दिमाग में एक योजना बन गई।

यह तो सब जानते हैं कि खाट का ढांचा आठ चीजों से मिलकर बनता है -दो पाटी, एक सिराहने की पट्टी यानी सेरवा, एक पायताना तथा चार पाए। गोपाल ने वह टूटा पाया निकाल लिया, उसे दो पुराने अखबारों में लपेटा, फिर उस पर पीला रेशमी वस्त्र चौदह परतों में लपेटा और उसे सहेजकर एक ओर रख दिया। पत्नी ने उत्सुकता से पूछा- "ये क्या कर रहे हो जी?"

"षष्टांग-पुराण तैयार कर रहा हूं।" गोपाल ने हंसकर पत्नी से कहा।

"ये कौन सी पुराण हुई भला? और इस पाए का किसी पुराण से क्या मतलब?" पत्नी की उत्सुकता और भी बढ़ गई थी।

जब गोपाल ने षष्टांग पुराण का अर्थ समझाया तो उसकी पत्नी हंसते-हंसते लोट-पोट हो गई।

तत्पश्चात् गोपाल ने किसी कर्मकांडी ब्राह्मण का वेश बनाया। सफेद रंग की रेशमी धोती, सफेद रंग का ही रेशमी कुरता, माथे पर चंदन का बड़ा सा तिलक, सिर पर पीले रंग की रेशमी पगड़ी

और गले में रूद्राक्ष की कई मालाएं डालकर उसने सफेद रंग का एक पटका गले में डाल लिया। अब कोई भी उसे एक नजर देखकर नि:संकोच ये कह सकता था कि वह कोई उच्च शिक्षित ब्राह्मण है। रेशमी वस्त्रों में लपेटा पाया उसने बगल में दबाया और चल पड़ा मुर्शिदाबाद की ओर।

नवाब के दरबार में जब कृष्णा नगर से भेजे गए किसी ज्योतिषी के आने की सूचना मिली तो नवाब ने तत्काल उसे बुलवा भेजा।

ज्योतिषी पर नजर पड़ते ही वह उससे प्रभावित हो गया। उसने खूब आदर सत्कार किया और अतिथिशाला के सबसे शानदार कमरे में ज्योतिषी के रहने की व्यवस्था करा दी।

तीन दिन तक ज्योतिषी बने गोपाल ने नवाब के स्वागत सत्कार का भरपूर आनंद उठाया। चौथे दिन नवाब स्वयं ज्योतिषी की सेवा में हाजिर हुआ और बोला- "हां तो ज्योतिषी महाराज, बताइए क्या होता है जमीन के नीचे?"

गोपाल ने अपनी तथाकथित षष्टांग पुराण के ऊपर से तीन परत हटाई और होंठों ही होंठों में कई मंत्र पढ़ने का ढोंग किया। फिर अपने दाएं हाथ की उंगलियों पर होंठों में कुछ बुदबुदाया और बोला- "हुजूर! आपके प्रश्न का समाधान हमारे इस ग्रंथ में है।"

"अच्छा कौन सा ग्रंथ है ये?" नवाब ने पुलकित स्वर में पूछा।

"इसे षष्टांग पुराण कहते हैं हुजूर।"

"षष्टांग पुराण! ये कौन सी पुराण हुई भला? हम यह नाम ही पहली बार सुन रहे हैं।" नवाब ने आश्चर्य से पूछा।

"बहुत ही दुर्लभ ग्रंथ है यह हुजूर, इसके बारे में आप तो क्या बहुत से हिंदू विद्वान भी नहीं जानते।" गोपाल ने गंभीर स्वर में कहा।

"अच्छा ऐसी बात है, तब तो इसमें हमारे प्रश्न का उत्तर जरूर लिखा होगा। जरा बताइए तो, क्या कहता है आपका ये ग्रंथ?"

"हुजूर, षष्टांग-पुराण के अठाहरवें अध्याय के चौबीसवें श्लोक में यह स्पष्ट लिखा है कि इसका उत्तर आपको अपने मजहब के किसी काजी या मौलवी से ही प्राप्त हो सकता है। कारण ये है कि यह हिंदू धर्म पर आधारित है।" गोपाल बोला।

“अरे ज्योतिषी महाशय, इसमें हिंदू या मुसलमान का जिक्र किस लिए? मैंने एक साधारण सा प्रश्न पूछा है और आप उसका उत्तर किसी काजी या मौलवी से प्राप्त करने को कह रहे हैं।” नवाब ने कुछ खीझते हुए पूछा।

“हुजूर! मैंने गलत नहीं कहा है। अच्छा एक बात तो बताइए कि मुसलमान अपने मुर्दों को जमीन में दफन करते हैं, या हिंदूओं की तरह उनकी दाहक्रिया करते हैं?”

"ये तो सभी जानते हैं कि मुसलमान अपने मुर्दों को कब्र में दफन करते हैं, जबकि हिंदू उसे आग में जला देते हैं।" नवाब ने उत्तर दिया।

"बिल्कुल ठीक कह रहे हैं आप! हिंदू मान्यताओं के अनुसार जब उनके मुर्दे का अग्निदाह किया जाता है तो धुएं के साथ उसकी आत्मा आकाश की अनंत ऊंचाइयों में विलीन हो जाती है। इसलिए तो हिंदू आत्माएं जितनी सुगमता से आकाश के रहस्यों को उदघाटित कर सकती हैं, उतना अन्य कोई नहीं। इसके विपरीत मुस्लिमों के मुर्दे जमीन खोदकर नीचे दफनाएं जाते हैं। उनकी आत्माएं जमीन के नीचे के रहस्यों से परिचित होती हैं- इसलिए तो मैंने अर्ज किया है कि जमीन के नीचे के रहस्यों का पता इस्लाम का कोई आलिम-फाजिल मौलवी या कोई काजी ही दे सकता है। इसलिए आप यदि जमीन के रहस्यों के बारे में जानने के इच्छुक हैं तो किसी मुस्लिम विद्वान से पूछिये।"

गोपाल की बात नवाब के दिमाग में आ गई। बोला- "आप ठीक कहते हैं ज्योतिषी महाशय यह बात मेरे दिमाग में बहुत पहले आ जानी चाहिए थी। मैं कल ही शहर के सारे मुस्लिम विद्वानों से संपर्क करता हूं।"

"हुजूर, एक गुजारिश और है?" गोपाल ने हाथ जोड़कर कहा।

"हां-हां जरूर बताइए।" नवाब बोला।

"हुजूर इसी बात को लेकर आपने नाराज होकर कृष्णा नगर के कुछ हिंदू विद्वानों को कैद में डलवा दिया है वे बेचारे बिल्कुल निर्दोष हैं, उन्हें आप मुक्त करवा दें तो आपकी बड़ी कृपा होगी। उनके बाल-बच्चे आपको दुआएं देंगे।" गोपाल ने कहा।

"हां-हां जरूर। हम आज ही सबको रिहा करने का हुक्म दे देंगे। इस बीच गलतफहमी के कारण उन्हें जो कष्ट पहुंचा है उसकी

भरपाई भी करेंगे और आपने हमें जो अपने प्रश्न का उत्तर मुस्लिम विद्वानों से पूछने का उपाय सुझाया है उसके लिए हम आपका आभार व्यक्त करते हैं हम यथाकति आपको पुरस्कार प्रदान करेंगे।" कहकर नवाब वहां से उठकर चला गया।

नवाब ने अपना वादा निभाया। पांचों ज्योतिषी उसी दिन कैद से मुक्त कर दिए गए। सबको सौ-सौ अशर्फियां भी प्रतिकार स्वरूप दी। गोपाल को नवाब ने पांच सौ अशर्फियों से भरी थैली इनाम में दी। जब सब ज्योतिषी सकुशल कृष्णा नगर पहुंचे तो महाराज ने प्रसन्न होकर गोपाल को अपनी तरफ से सौ अशर्फियां ईनाम में दीं।

13

गोपाल ने किया राजवैद्य का चयन

अधिक उम्र हो जाने के कारण एक दिन राजा कृष्णचंद्र के राजवैद्य की मृत्यु हो गई। अब उनके सामने यह समस्या पैदा हो गई कि किसको राजवैद्य के रिक्त स्थान पर नियुक्त किया जाए? बहुत सोच विचार के बाद उन्होंने आखिर यही निर्णय किया कि इसके लिए विज्ञापन दिया जाए। उस जमाने में आजकल जैसे प्रचार माध्यम तो थे नहीं, अतः महाराज ने पूरे राज्य में ढिंढोरा पिटवा दिया कि महाराज को राज-परिवार के लिए एक सुयोग्य वैद्य की नितांत आवश्यकता है। ढिंढोरा सुनकर अनेक वैद्य अपना भाग्य आजमाने के लिए कृष्णा नगर आ पहुंचे। सबने अपने गुणों और योग्यताओं की बढ़ चढ़कर प्रशंसा की। महाराज के लिए यह निर्णय करना मुश्किल हो गया कि वे उनमें से किसे राजवैद्य के पद पर नियुक्त करें।

महाराज कृष्णचंद्र इसी असमंजस में पड़े हुए थे कि तभी गोपाल भांड वहां आ गया। महाराज ने उसे अपनी समस्या बताई और कहा- "गोपाल, अब तुम्हीं इन वैद्यों में से किसी सुयोग्य वैद्य का चुनाव करो। समझ लो, ये तुम्हारी योग्यता की परीक्षा है।"

"मुझे आपका आदेश स्वीकार है महाराज!" गोपाल बोला- "मैं अभी राजवैद्य का चयन किए देता हूं।" गोपाल ने वहां उपस्थित वैद्यों पर एक उचटती सी निगाह डाली, फिर वह बोला- "उपस्थित बंधुओं आप सबने अपने-अपने गुणों और योग्यता का बखान किया,

जिसे महाराज और यहां मौजूद दूसरे दरबारियों ने ध्यानपूर्वक सुना लेकिन राजवैद्य का पद अपने आप में महत्वपूर्ण है। जिस वैद्य ने अपने वैद्यक जीवन में कम से कम एक हजार रोगियों की हत्या नहीं की वह राजवैद्य होने योग्य नहीं।"

उपस्थित वैद्य पहले तो यह बात सुनकर चौंके, किंतु फिर उन्होंने भी स्वयं को परिस्थिति के अनुकूल ढालने का निर्णय कर

लिया। उनमें से एक वैद्य ने उठकर कहा- "मैंने अपने जीवन में अब तक लगभग दस हजार रोगियों का इलाज किया है, जिनमें से आठ हजार तो इलाज के बाद ठीक हो गए लेकिन दो हजार मरीज दम तोड़ गए।" दूसरे वैद्य ने कहा- "मैं अब तक तीस हजार रोगियों का इलाज कर चुका हूं, जिनमें से चार हजार रोगियों को बचाने में असफल रहा हूं।"

तीसरे ने कहा- "मैंने दो हजार रोगियों का इलाज किया, किंतु उनमें से आधे ही बच पाए। शेष प्रभु को प्यारे हो गए। एक अन्य वैद्य बोला कि, "मैंने अब तक मात्र तीन रोगी ही देखे हैं और वे तीनों ही मर गए।

इसी प्रकार वहां पर मौजूद सभी वैद्यों ने अपने रोगियों के जीने-मरने का पूरा विवरण दे दिया। उन वैद्यों में एक वैद्य ऐसा भी था जो अभी तक एक शब्द भी नहीं बोला था। जब उसके बोलने की बारी आई, तो वह चुपचाप उठा और दरवाजे की ओर जाने लगा। तभी उसे जाते देखकर गोपाल ने कहा- "तनिक ठहरिए, वैद्यराज! आप अपने बारे में बताए बिना ही जा रहे हैं, क्या आपको राजवैद्य बनना स्वीकार नहीं?"

"ऐसी बात नहीं है श्रीमान!" वैद्य बोला- "राजवैद्य जैसे महत्वपूर्ण पद की लालसा भला किसे नहीं होगी? मैं इतनी दूर से चलकर इसी आशा से तो आया हूं कि संभव है भाग्य देवता मुझ पर मेहरबान हो जाएं और मुझे ही यह पद मिल जाए, लेकिल शायद भाग्य को यह मंजूर नहीं है। कारण यह है कि मैं आपकी शर्त पर खरा नहीं उतर सकता।"

"ऐसा मत सोचिए वैद्यराज।" गोपाल बोला- "जब तक सांस तब तक आस।'' इंसान को उम्मीद का दामन कभी नहीं छोड़ना चाहिए।

ये भी मुमकिन है कि इस पद पर आप की ही नियुक्ति हो जाए। जरा ये तो बताइए कि आपने अब तक कितने रोगियों का इलाज किया? कितने ठीक हुए और कितने ईश्वर को प्यारे हो गए?

तो सुनिए!" वैद्य बोला- "मैंने अपने जीवन में अब तक तकरीबन 35 हजार रोगियों का उपचार किया है, उनमें से मात्र पांच

ही ऐसे रहे जिन्हें बचाने में मैं सफल नहीं हो पाया। लेकिन आपके कथनानुसार तो कम से कम एक हजार संख्या होनी चाहिए मरने वालों की। इतनी संख्या में रोगियों को मारने में तो शायद मेरा सारा जीवन ही बीत जाए। इसी कारण मैं यहां से जा रहा हूं।"

वैद्य की बात सुनकर गोपाल ने धीरे से महाराज से कहा– "महाराज! मेरे विचार से यही व्यक्ति राजवैद्य बनने के योग्य है। इसमें मानवोचित सभी गुण है। यह अपने काम के प्रति भी पूरी तरह समर्पित है। बाकी सब तो बिल्कुल बेकार है अब यह आप पर निर्भर है कि इसे चुने अथवा जाने दें। महाराज ने तत्काल उस वैद्य को चुन लिया। सभी दरबारियों ने गोपाल की बुद्धिमता की प्रशंसा की।

14

सबसे उजला क्या?

गोपाल ज्यादा पढ़ा-लिखा तो नहीं था, किंतु हाजिर जवाबी में उसका मुकाबला कोई नहीं कर सकता था। वह कठिन से कठिन प्रश्नों का हल चुटकियों में निकाल लिया करता था। राजा कृष्णचंद्र भी समय समय पर अपने दरबारियों की बुद्धि परीक्षा करते रहते थे। एक दिन उन्होंने दरबारियों के समक्ष यह प्रश्न रखा कि दुनिया में सबसे उजली चीज कौन सी है?

एक दरबारी बोला- "अन्नदाता! सबसे उजली चीज होती है रूई।"

दूसरे ने कहा- "सबसे उजला दूध होता है।"

तीसरे का उत्तर था "खड़िया और चूना सबसे उजले होते हैं।

चौथे दरबारी ने कहा, "चमेली का फूल सबसे उजला होता है अन्नदाता।"

राजा ने सभी दरबारियों के उत्तर गौर से सुने। अपने हिसाब से राजा ने रूई और दूध को सबसे अधिक उजला पाया। इस बीच गोपाल बड़े शांत भाव से बैठा सबकी बातें सुनता रहा। उसकी एक विशेषता यह भी थी कि वह दरबार में अधिक बोलता नहीं था।

राजा कृष्णचंद्र की निगाहें उसकी दिशा में घूमीं। उन्होंने पूछा- "गोपाल सबने अपनी-अपनी राय बताई, किंतु तुमने कुछ नहीं कहा। तुम भी तो बताओ हमारे प्रश्न के उत्तर में तुम्हारी क्या राय है?

"अन्दाता, मेरे विचार में सबसे उजली वस्तु धूप होती है।" गोपाल बोला।

"सिद्ध कर सकते हो?"

"हां-हां जरूर, क्यों नहीं जब आप कहें।"

"ठीक है करेंगे आजमाइश तुम्हारी बात की किसी दिन।"

इस घटना के तीन दिन बाद गोपाल महाराज के निजी कक्ष में गया। जहां राजा का पलंग था, उसे खिसकाकर एक ओर कर दिया

और उस स्थान पर एक बर्तन दूध भरवा के रखा दिया साथ ही पास में रूई बिछा दी तथा उसके समीप ही रख दिया चूना। फिर कक्ष का दरवाजा बंद कर दिया। दिन का समय था परंतु कक्ष का दरवाजा और खिड़कियां बंद होने के कारण कक्ष में अंधेरा हो गया था।

सूर्यास्त से कुछ देर पहले महाराज अपने कक्ष में पहुंचे। दरवाजा खोला और अंदर गए। दरवाजे और खिड़कियां बंद होने के कारण अंधेरा तो था ही, उनका पैर दूध के बरतन से टकराया। बरतन उलट गया और दूध रूई पर जा गिरा। दूध में सने राजा के पैर गीले हो गए। उसी समय गोपाल भी वहां पहुंचा। उसने जल्दी से कमरे की खिड़कियां खोल डाली। सूर्य की रोशनी जैसे ही कमरे में आई, सारा कमरा आलोकित हो उठा।

गोपाल ने कहा– "अब आप स्वयं ही निर्णय कर लीजिए महाराज। यहां रूई भी मौजूद है, दूध भी और चूना भी है ये सारी चीजें सफेद हैं, किंतु फिर भी अंधेरे में दिखाई नहीं दी, जबकि सूर्य की एक छोटी सी किरण जैसे ही खिड़की के रास्ते अंदर आई कि सारा कमरा आलोकित हो उठा। इसलिए मैंने उस दिन कहा था कि संसार में सबसे उजली वस्तु धूप है। हां भई मान गए तुम्हारी बात बिल्कुल सही है। तुम पुरस्कार पाने के अधिकारी हो गए। कल दरबार में पहुंचकर अपना इनाम ले लना।"

अगले दिन जब महाराज ने भरे दरबार में गोपाल को पुरस्कार दिया, तो सभी दरबारी गोपाल की बुद्धि का लोहा मान गए। सबने महसूस कर लिया कि गोपाल कम पढ़ा-लिखा होने के बावजूद हम सबसे ज्यादा चतुर है।

15

अपना-अपना दृष्टिकोण

एक दिन महाराज कृष्णचंद्र अपने कुछ मंत्रियों के साथ सीमा का दौरा करने निकले। गोपाल भी उनके साथ था।

रास्ते में एकाएक महाराज ने गोपाल से पूछा- "गोपाल! क्या तुम बता सकते हो कि दुनिया में कौन से जीव सबसे ज्यादा कृतज्ञ और कौन सा व्यक्ति सबसे ज्यादा कृतघ्न होता है?"

महाराज के प्रश्न को सुनकर साथ आए मंत्री मुस्करा उठे और सोचने लगे आज फंस गया गोपाल। लेकिन उन्होंने जबान से कुछ नहीं कहा और गोपाल के उत्तर की प्रतीक्षा करने लगे।

गोपाल ने कुछ क्षण अपने दाएं हाथ की उंगली से अपना माथा ठकठकाया, फिर बोल उठा- दयानिधान! दुनिया में सबसे ज्यादा एहसान मानने वाला प्राणी कुत्ता है, जबकि दामाद या जंवाई सबसे कृतघ्न होता है।

"वह कैसे?" महाराज ने पूछा।

"महाराज, कुत्ते को रोटी का टुकड़ा डालने पर वह दुम हिलाकर अपना प्रेम प्रदर्शित करता है, उपकारक का आभार प्रकट करने के लिए उसका शरीर चाटता है, उसके सामने उछल कूद करता है जबकि दामाद! उसे बेटी दो, ढेर सारा धन दे दो फिर भी वह संतुष्ट नहीं रहता। वह उससे भी अधिक की आशा लगाए रहता है। सब कुछ पाकर भी उसे संतोष नहीं होता। इसलिए मैंने दामाद को सबसे ज्यादा कृतघ्न व्यक्ति बताया है।"

"बात तो ठीक लगती है तुम्हारी। तब तो हमें राज्य के सभी कृतघ्न दामादों को फांसी पर चढ़ाने का हुक्म दे देना चाहिए।"

"नहीं महाराज! ऐसा मत कहिए।" गोपाल ने गरदन ना में हिलाते हुए कहा।

"वह क्यों गोपाल! जब तुम स्वयं ही कह रहे हो कि दामाद एक कृतघ्न व्यक्ति होता है, तो उसे सजा देने से इंकार क्यों।" महाराज ने पूछा।

"वह ऐसा इसलिए महाराज, कि ऐसा करने से सारे राज्य में अराजकता फैल जाएगी। दामाद तो मैं भी किसी का हूं। आप भी किसी के दामाद हैं, यहां मौजूद सभी व्यक्ति किसी न किसी के दामाद हैं आप किस किसको फांसी पर चढ़वाएंगे? आपने प्रश्न पूछा और मैंने उसका जवाब दे दिया। बात यहीं समाप्त हो गई, क्योंकि सबका नजरिया अलग-अलग होता है।" महाराज को एहसास हो गया कि वह इस नजरिए से नहीं सोच पाए थे। उन्होंने सजा देने का अपना विचार त्याग दिया। साथ आए मंत्री भी गोपाल की बुद्धि की प्रशंसा करने लगे, जिसने प्रश्न का उत्तर भी दे दिया और साथ ही उसका निराकरण भी बता दिया।

16

अनोखी शर्त

एक बार नवाब मीरजाफर द्वारा भेजा एक संदेशवाहक राजा कृष्णचंद्र के दरबार में पहुंचा और उन्हें मीरजाफर द्वारा लिखा एक पत्र सौंपा। राजा ने पत्र खोलकर पढ़ा तो उनके चेहरे पर चिंता की लकीरें उभर आईं। उनकी मनोदशा भांपकर गोपाल ने संदेशवाहक को तो अतिथिगृह में भेज दिया फिर राजा से पूछा– "महाराज! क्या नबाव ने फिर से आपके सामने कोई समस्या खड़ी कर दी है?"

"हां गोपाल! नवाब का तो काम ही है नई–नई समस्याएं पैदा करना। हमें परेशान करने का वह कोई अवसर नहीं छोड़ना चाहता। अब इस पत्र को ही ले लो। पत्र में उसने लिखा है कि गोपाल को कुछ दिनों के लिए हमारे दरबार में भेज दो। हम उसकी चतुराई का परीक्षण करना चाहते हैं।"

"तो इसमें परेशान होने की क्या बात है, महाराज? मैं तो हर समय किसी भी परीक्षा के लिए सदैव तैयार रहता हूं।" गोपाल ने कहा।

"मुझे तुम्हारी बुद्धि पर भरोसा है, गोपाल! लेकिन आशंका जरूर है मन में यदि तुम उसके द्वारा की गई परीक्षा में असफल हो गए तो वह तुम्हें कारागार में डलवा देगा।" महाराज ने अपनी चिंता व्यक्त की।

"ऐसा कुछ नहीं होगा महाराज। आप निश्िंचत होकर मुझे जाने की आज्ञा दे दें। मैं कृष्णा नगर का नाम रोशन करके ही वहां से लौटूंगा। आपके नाम को धब्बा नहीं लाऊंगा। यह मेरा वायदा है।"

महाराज कृष्णचंद्र का मन नहीं कर था, गोपाल को नवाब के वहां भेजने का, किंतु मन मसोसकर उन्हें आज्ञा देनी ही पड़ी। अगले ही दिन गोपाल नवाब की राजधानी के लिए निकल पड़ा।

दो दिन की यात्रा के बाद वह नवाब के दरबार में पहुंचा और शाही रीति-रिवाज के अनुसार उसका अभिवादन किया।

"तो तुम आ पहुंचे गोपाल! हमने तुम्हें इसलिए बुलाया है कि हम तुम्हारी चतुराई का इम्तिहान ले सके।" नवाब ने सिर से पैर तक गोपाल का जायजा लेते हुए कहा।

“हुक्म कीजिए हुजूर, गुलाम हर इम्तिहान के लिए तैयार है।” गोपाल ने सम्मानपूर्वक सिर झुकाकर कहा।

“क्या तुम हमारे लिए कोई ऐसा शेर ला सकते हो, जिसे हम कच्चा ही मजे-मजे में खा सके?” नवाब ने बिना लाग-लपेट के ही अपना प्रश्न को कह दिया।

“जरूर ला सकता हूं, हुजूर।” गोपाल ने अविलंब उत्तर दिया। लेकिन इसके लिए मुझे चार महीने का समय चाहिए।

गोपाल के उत्तर से नवाब को बड़ी हैरत हुई। दरबारी चकित भाव से गोपाल को घूरने लगे। एक तो नवाब का प्रश्न ही ऊल जलूल था और उस पर गोपाल का उत्तर! वे सोचने लगे चार महीने में गोपाल कहां से शेर ला सकेगा। शेर भी ऐसा जो नवाब का प्रतिरोध न करे और नवाब मजे ले-लेकर उसे कच्चा ही खा सके।

“समय की कोई परवाह नहीं।” बस मेरी इच्छित चीज ला दो। लेकिन इस बीच तुम्हें हमारे शहर में ही रहना होगा। जब तक तुम हमारी इच्छित चीज लाकर नहीं दे देते, तुम्हें नगर छोड़ने की इजाजत नहीं मिलेगी।

“ठीक है हुजूर। आप मेरे ठहरने की व्यवस्था करा दें। मैं आपकी शर्त पूरी करके ही कृष्णा नगर वापस जाऊंगा।”

नवाब ने गोपाल के ठहरने की व्यवस्था करा दी।

गोपाल अपनी योजना को फलीभूत करने में जुट गया। सबसे पहले उसने नगर के कुशल बढ़ई से एक ऐसा खांचा बनवाया, जिसमें डाली हुई गीली मिट्टी शेर की आकृति बनकर बाहर निकले। फिर उस खांचे को लाकर घर पर उसका परीक्षण किया। गीली मिट्टी जब खांचे में भरी गई तो वह शेर के आकार की बनकर बाहर निकली।

इससे संतुष्ट होकर गोपाल ने योजना के अगले चरण पर विचार किया।

जिस मकान में गोपाल को ठहराया गया था, उसमें अनेक तरह की सब्जियां उगी हुई थी। गोपाल ने अपने हाथों से एक स्थान की मिट्टी साफ करके तरबूज के बीज बो दिए। कुछ ही दिनों में तरबूज

से बेलें फूट निकली और उन पर फूल आ गए। फिर फूलों से छोटे-छोटे अंकुर फूट निकले। अब गोपाल ने एक तरबूज की कंद अपने द्वारा बनवाए खांचे में डाल दी और नियमित रूप से बेलों की सिंचाई, निराई, गुडाई करने लगा।

तरबूज का छोटा फल धीरे-धीरे बढ़ने लगा। खांचे के सीमित आकार के अंदर वह मनमाने ढंग से फैल नहीं सकता था, अतः उसका आकार खांचे के अनुरूप बनने लगा। कुछ ही दिनों बाद पूरा तरबूज खांचे में सिमट गया। इस सारी प्रक्रिया में दो महीने से ज्यादा का समय लग गया। एक दिन गोपाल ने बड़ी सावधानी से शेर की आकृति वाला तरबूज बाहर निकाला और उसे एक बड़े खूबसूरत कपड़े में लपेट कर नवाब के दरबार में पहुंच गया। वहां उसने नवाब से निवेदन किया- "हुजूर आपके द्वारा मंगवाई गई चीज हाजिर है।"

"अच्छा। कहां है हमारे द्वारा खाए जाने वाला शेर?" नवाब ने चौंककर पूछा।

"यहां। मेरे पास।" गोपाल ने कपड़े से लिपटे तरबूज की ओर इशारा किया।

"दिखाओ।" नवाब ने आदेश दिया।

कपड़ा हटाया गया तो शेर की आकृति वाले तरबूज के दर्शन हुए। गोपाल ने उसे नवाब को देते हुए कहा- आपका शेर हाजिर है हुजूर। आप इसे कच्चा ही खा सकते हैं, इसका स्वाद भी बहुत मीठा है। आनंद आ जाएगा खाने में।

नवाब के चेहरे पर आश्चर्य के भाव पैदा हो गए। सारे दरबारी भी आश्चर्यचकित रह गए। गोपाल ने अपनी चतुराई का सबूत पेश कर दिया था।

"मान गए गोपाल।" नवाब प्रशंसापूर्ण स्वर में बोला– "सचमुच तुम बहुत ही चतुर हो। राजा कृष्णचंद्र तुम पर फक्र करते हैं तो यह ठीक ही है। चातुर्य कला और हाजिर जवाबी में तुम्हारा कोई सानी नहीं है।"

अपनी प्रशंसा सुनकर गोपाल का सीना गर्व से चौड़ा हो गया। नवाब ने उसे ढेरों इनाम दिए, जिन्हें लेकर गोपाल कृष्णा नगर लौट आया। उसने जब राजा को सारी बातें बताई तो उन्हें भी गोपाल पर गर्व हुआ। गोपाल ने जो कहा था वो सच करके दिखा दिया।

17

जंवाई राजा का गुणगान

एक बार गोपाल को अपने मित्र नवेंदु घोष का संदेश प्राप्त हुआ कि वह नंदीग्राम में आकर उससे मिल जाए। नवेंदु गोपाल का बचपन का मित्र था। बहुत सी अच्छी-बुरी यादें उसके साथ जुड़ी हुई थी, इसलिए वह अपने मित्र का आग्रह न टाल सका।

एक दिन वह उससे मिलने के लिए चल पड़ा। अभी वह घर से थोड़ी ही दूर निकला था कि सामने से मिताई काका आते दिखाई पड़े। मिताई काका ने उसे संकेत से रोका और बोले- गोपाल! सुना है तुम नंदीग्राम जा रहे हो?

"जा तो रहा हूं, काका। कोई सेवा हो तो बताइए।" गोपाल ने पूछा।

"बेटा! अपनी बिटिया राजेश्वरी भी आजकल नंदीग्राम में ही है। जंवाई राजा किशोर का वहां बहुत बड़ा व्यवसाय है। विशुद्ध वैष्णव परिवार से हैं जंवाई राजा। यदि हो सके तो उनके यहां जाकर बिटिया राजेश्वरी की खैर-खबर लेते आना। बहुत दिन से उनकी राजी-खुशी का कोई समाचार नहीं मिला है।" यह कहकर वृद्ध मिताई काका ने गोपाल को एक मुड़ा-तुड़ा सा कागज का पुरजा पकड़ा दिया, जिसमें उनके जमाता का पता ठिकाना लिखा हुआ था। गोपाल ने कागज का पुरजा अपनी जेब में रख लिया और मिताई काका को आश्वस्त कर वहां से चल पड़ा।

एक हफ्ते बाद गोपाल वापस लौटा तो मिताई काका पुनः उससे मिलने पहुंचे। मिताई काका कट्टर वैष्णव प्रवृत्ति के थे और छुआछूत में बहुत विश्वास करते थे।

इस विषय पर गोपाल से भी कई बार उनकी कहासुनी हो चुकी थी। आज गोपाल को मौका मिला तो उसने मिताई काका को सबक सिखाने का निश्चय कर लिया।

मिताई काका ने पूछा– "गोपाल! गए थे क्या राजेश्वरी के यहां। वहां सब कुशल तो है न?"

"बस कुशल है काका!" बहन राजेश्वरी बहुत सुख में है। बहुत बड़ा व्यवसाय है, उसके ससुराल वालों का। पक्की हवेली, सेवा व्हल के लिए नौकरों की फौज। राजेश्वरी तो राज कर रही है, काका।

वृद्ध मिताई के चेहरे पर गर्व के भाव पैदा हो गए। बोले- ऐसे ही तो मैंने उस परिवार में राजेश्वरी का विवाह नहीं कर दिया था, गोपाल। खूब जांच-परख कर और उनकी आर्थिक हालत देखकर ही उनके साथ नाता जोड़ा था। मेरी तरह वे लोग भी शुद्ध वैष्णव हैं। क्या मजाल उनके आंगन में किसी नीची जाति के व्यक्ति के पांव भी पड़ जाए। बहुत विचार रखते हैं छुआछूत का। फिर तनिक रुककर काका ने पूछा- "गोपाल, क्या तुम जंवाई राजा से मिले थे? बताओ कैसे लगे अपने जंवाई राजा?"

"अरे काका- उनकी क्या बात करते हो?" वो तो बहुत ही भले आदमी हैं लेकिन- गोपाल ने जानबूझकर अपनी बात अधूरी छोड़ दी।

"लेकिन क्या गोपाल?" बूढ़े ने शंकित स्वर में पूछा- "क्या तुमने उनमें कोई बुराई देखी है?"

"अरे कैसी बुराई काका? भला प्याज खाने में भी किसी प्रकार की बुराई हो सकती है?" गोपाल ने आहिस्ता से कहा। बूढ़ा भड़क उठा- "प्याज? ये तुम क्या कह रहे हो गोपाल! अरे वह तो विशुद्ध वैष्णव है। भला वैष्णव लोग प्याज खाते हैं?"

"अरे तो कोई रोज-रोज थोड़े ही खाते हैं। कभी-कभार जब मछली घर में बनती है, तो प्याज का स्वाद चख लेते हैं।"

"मछली भी खाते हैं राम, राम! यह तुम क्या अनापशनाप बक रहे हो गोपाल?"

अरे काका तुम तो बूढ़े हो चले हो। नए जमाने के नौजवानों के बारे में तुम क्या जानो। बड़े नगर में रहते हैं तो नए जमाने का चलन तो अपनाएंगे ही और फिर मछली रोज-रोज खाने को थोड़े ही मिलती है, कभी-कभार थोड़ी बहुत यार दोस्तों के साथ बैठकर पी लेते हैं।

"क्या मतलब जंवाई राजा पी लेते हैं? क्या पी लेते हैं, गोपाल? बीड़ी-सिगरेट या चुरूट?"

"अरे ना काका। भला बड़े लोगों के सामने बैठकर वह सिगरेट वगैरह कैसे पी सकते हैं। बड़ों के मान-सम्मान को भी तो देखना पड़ता है न! पीने से मेरा मतलब है, शराब। जंवाई राजा कभी-कभी

एक दो घुंट लगा लेते हैं। बस! वैसे एक बात माननी पड़गी आपके जंवाई राजा हैं ज्ञानी व्यक्ति। शराब पीते जरूर हैं, किंतु लोगों की नजर बचाकर। सबके सामने तो वे शराब की तरफ देखते भी नहीं।"

"क्या बकवास कर रहे हो, गोपाल। मेरा जामाता शराब भी पीता है? कहीं तुमने कोई नशा तो नहीं कर लिया है।" बूढ़ा चिल्लाया।

लेकिन गोपाल आज तो मिताई काका को खूब खिझाने पर तुला था। बोला- "काका। मेरी बात का बुरा मत मानो। सच कहता हूं जंवाई राजा बहुत ही भले मानस है। रही कभी-कभार घूंट लगा लेने की बात तो, तो ऐसा तो हो ही जाता है। आखिर उन्हें यार-दोस्तों के साथ कभी-कभी इधर-उधर तो जाना ही पड़ता है।"

"इधर-उधर! भला इससे क्या तात्पर्य है तुम्हारा? कहां जाते हैं जंवाई राजा?"

"अरे वहीं किसी कोठे पर। नंदीग्राम में बहुत सी नाचने-गाने वाली रहती हैं। किसी के यहां भी चले जाते हैं। घूंट लगा ली हो तो नाचने-गाने का आनंद दुगुना हो जाता है।"

"हे भगवान्! ये कैसी भयानक बातें बता रहे हो गोपाल। मेरा जामाता वैश्याओं के यहां भी जाता है? हाय, यह सब सुनने से पहले मैं मर क्यों नहीं गया। मेरे प्रभु, ये मैंने कैसी नादानी कर डाली। अपनी फूल सी बच्ची, एक नराधंम के हाथ दे दी।" यह कहकर बूढ़ा सिर थाम कर धम्म से जमीन पर बैठ गया। उसकी सांसों की गति तेज हो गई।

"उठो, काका! मेरी बात का बुरा मत मानो।" गोपाल बोला- "तुमने पूछा था इसलिए मैंने सच्ची बातें बता दी। मेरा मतलब आपका दिल दुःखाना थोड़े ही था। काका जमाना बदल रहा है। अब जंवाई

बाबू कभी-कभार ऐसा कर लेते हैं तो इसमें बुराई क्या है? शहर में तो ये सब सामान्य सी बातें हैं।"

बूढ़ा काका और अधिक न सुन सका। वह उठा और तेजी से अपने घर की ओर लपक लिया। गोपाल ने भी ये सोचकर कि बहुत मसखरी कर ली बूढ़े के साथ, उसने पीछे जाना मुनासिब नहीं समझा। दूसरे दिन जब उसने गांव के अन्य लोगों को यह बात बताई तो सब खूब हंसे और मिताई काका की धर्मांधता और कट्टरपन पर खुलकर चोट की। उस दिन के बाद मिताई काका फिर कभी गोपाल के घर की तरफ नहीं आए। कभी सामने से आता भी तो अनदेखा कर जाते। यद्यपि बाद में इस बात की पुष्टि हो गई कि गोपाल ने उनसे सिर्फ परिहास किया था। किंतु फिर भी वे गोपाल के सामने पड़ने में हिचकिचाते रहे।

18

कटहल का शौकीन

महाराज कृष्णचंद्र ने राजमहल के पार्श्व में एक बहुत बड़ा बाग लगवाया था। उस बाग में भिन्न भिन्न प्रकार की अनेक प्रजातियों के फलदार वृक्ष उगे हुए थे। कुछ वृक्ष तो इतने ऊंचे थे कि बाग का पर कोटा होने के बावजूद भी राजमार्ग से दिखाई दे जाते थे। उनमें से कुछ वृक्ष कटहल के भी थे। गोपाल जब भी इस मार्ग से गुजरता, उसकी निगाह अपने आप कटहल के वृक्षों की ओर उठ जाती थी। गोपाल को कटहल पसंद था। अधिकांश राज्याधिकारी भी गोपाल की इस आदत से परिचित थे कि गोपाल को कटहल बहुत भाते हैं।

एक दिन दोपहर के समय एक दरबारी ने गोपाल से कहा– "गोपाल, तुमने देखा, महाराज के बाग में कितने बड़े–बड़े कटहल के फल लगे हैं।"

"हाँ–हाँ देखे हैं। इस बार महाराज के बाग में सबसे ज्यादा कटहल के वृक्षों पर ही तो फल आए हैं। सचमुच बहुत बड़े–बड़े कटहल के फल लगे हैं।" गोपाल ने दरबारी की बात का अनुमोदन किया।

"तुम तो कटहल बहुत पसंद करते हो न, तो फिर महाराज से अनुरोध क्यों नहीं करते कि थोड़े से कटहल तुम्हारे घर भी भिजवा दें?" दूसरे दरबारी ने कहा।

"भाई मेरे! मुझे महाराज से यह बात करते हुए कुछ संकोच सा लगता है।" गोपाल बोला।

"अरे तुम कैसे विदूषक हो? इतनी सी बात करते हुए भी तुम्हें संकोच आता है? किसी अन्य दरबारी ने गोपाल को उकसाया।

"सुनो गोपाल।" पहले वाला दरबारी बोला- "अगर तुम महाराज के बाग से टोकरी भरकर कटहल मंगवा सको, तो हम तुम्हारी चतुराई का लोहा मान जाएंगे। शर्त ये है कि तुम अपने मुख से महाराज से कटहल नहीं मांगोगे, वे स्वयं ही कटहल भिजवा दें तभी ये शर्त पूरी मानी जाएगी।

“और मैंने ऐसा कर दिखाया तो-” गोपाल ने जैसे उनकी चुनौती स्वीकार करते हुए पूछा।

“तब हम सारे लोग मिलकर तुम्हारे घर पांच कटोरे भरकर कटहल भिजवाएंगे। बोलो मंजूर है।”

"बिल्कुल मंजूर है। तुम देखना कि अब मैं बिना बोले महाराज से कैसे कटहल हासिल करता हूँ।"

अगले दिन गोपाल राज दरबार में नहीं गया। महाराज ने दोपहर तक उसकी प्रतीक्षा की, लेकिन फिर एक दरबारी से पूछ लिया– "आज गोपाल दिखाई नहीं दे रहा। पता कराओ कि वह बिना आज्ञा लिए अनुपस्थित किस लिए है?"

दरबारी अभी संदेशवाहक को भेजने पर विचार कर ही रहा था कि गोपाल दरबार में आ पहुंचा। उसने अपनी मूंछों में इतना तेल लगाया हुआ था कि तेल नीचे तक टपक रहा था।

"गोपाल, ये क्या हरकत है? मूंछों में इतना तेल क्यों लगाया है तुमने?" गोपाल के चेहरे की ओर देखते हुए महाराज ने क्रोधित स्वर में कहा।

"अपराध क्षमा हो अन्नदाता। मुझे मूंछों पर तेल कटहल के कारण लगाना पड़ा है।" गोपाल बोला।

"कटहल के कारण! तो क्या तुमने नाश्ते में कटहल खाया था?"

"नहीं अन्नदाता! सिर्फ कटहल खाने की कल्पना की थी। अब कटहल के दूध से मूंछें चिपक जाती है न, इसलिए मूंछो में तेल लगाया है।"

"अजीब आदमी हो तुम भी। कटहल खाने की सिर्फ कल्पना की और मूंछें तेल से भर ली। ये तो वही मिसाल हुई कि नदी कोस भर दूर और पायजामा पहले ही उतार लिया।"

"अब आप जो भी कहें, कुछ चीजें ऐसी भी होती है महाराज जो हर किसी को उपलब्ध नहीं होती।" गोपाल दार्शनिक अंदाज में बोला।

"तो क्या तुम्हें कटहल इतने पसंद हैं?"

"अब मैं अपनी जुबान से ये बात कैसे कहूं महाराज।"

"हम समझ गए। शायद तुमने हमारे बाग में कटहल देख लिए हैं। कोई बात नहीं, हम आज अपने सभी दरबारियों को अपने बाग के कटहल भेंट करेंगे।" ऐसा कहकर महाराज ने सेवकों को बाग से कटहल लाने का आदेश दे दिया।

उस दिन सभी दरबारियों को जाते समय महाराज की तरफ से एक-एक कटहल भेंट किया गया। लेकिन महाराज ने गोपाल को टोकरी भरकर कटहल दिए। जिन दरबारियों ने गोपाल के साथ शर्त लगाई थी, उन्हें पूरे पांच टोकरे भरकर कटहल गोपाल के घर पहुंचवाने पड़े। गोपाल कई दिनों तक कटहलों का आनंद उठाता रहा।

19

हिलसा और रहस्मयी रमणी

मौसम बरसात का था। बरसात के दिनों में बंगाल के सभी सरोवर और नदियां मछलियों से भर जाते थे। अनेक प्रकार की मछलियां मिलती हैं। उन दिनों पैदावार ज्यादा हो जाने से मछलियों के दाम भी कम हो जाते हैं, अतः गरीब और अमीर सभी को अपनी पसंद की मछलियां उपलब्ध हो जाती हैं।

बरसात के दिनों में बंगाल में हिलसा प्रजाति की मछली बहुतायत में पायी जाती है। इस प्रजाति की मछली खाने में बहुत ही स्वादिष्ट होती है। अतः सभी बंगाली बड़े चाव से मछली खाते हैं। प्रायः इन दिनों लोगों की चर्चा का विषय हिलसा मछली ही होती थी।

उस दिन भी राजदरबार में हिलसा मछली के बारे में ही चर्चा चल रही थी। सभी दरबारी यही चर्चा कर रहे थे कि अमुक दुकान पर हिलसा सस्ते दामों में बिक रही है, मछलियां भी साफ-सुथरी हैं, आदि-आदि। महाराज कृष्णचंद्र कई दिनों से इसी बात की चर्चा सुनकर बहुत परेशान हो रहे थे। एक दिन उनके धैर्य का बांध टूट गया। वह झल्लाते हुए बोले- "हिलसा-हिलसा-हिलसा। मैं तो तंग आ गया हूं ये नाम सुन-सुनकर। लोगों की राजकार्य में रुचि ही नहीं रही। जिसे देखो वह हिलसा के बारे में ही बातें कर रहा है।"

यह सुनकर गोपाल ने मुस्कराते हुए कहा- "महाराज! यह तो स्वाभाविक ही है जो व्यक्ति जिस चीज को पसंद करता है, उसका

जिक्र तो करेगा ही। सभी दरबारियों की पहली पसंद हिलसा ही है, इसलिए ये लोग हिलसा की चर्चा करते रहते हैं।

गोपाल की बात सुनकर महाराज तनिक मुस्कराए। बोले- मैं ये नहीं कहता कि हिलसा के बारे में चर्चा न करे। मैं तो ये चाहता हूं कि कार्य के समय में कार्य करे और अवकाश के समय में किसी भी अन्य विषय पर चर्चा करे। मैं राजकीय समय को व्यर्थ बातों में नष्ट होते हुए नहीं देखना चाहता। फिर कुछ ठहरकर उन्होंने कहा- "अच्छा

गोपाल, ये तो बताओ, क्या ऐसा नहीं हो सकता कि कुछ दिन के लिए हिलसा की चर्चा बिल्कुल बंद हो जाए। लोग हिलसा के बारे में सोचे ही नहीं। ज्यादा नहीं तो कम से कम एक दिन के लिए तो यह चर्चा बंद हो जानी चाहिए।"

"बहुत मुश्किल है महाराज! लोगों की आदत बदलने में समय तो लगता ही है। फिर भी आग्रह है तो मैं एक कोशिश करके देखता हूं।" गोपाल ने गंभीर स्वर में कहा।

"हां-हां जरूर कोशिश करो।" महाराज जल्दी से बोले- "कोशिश नहीं बल्कि करके दिखाओ। यदि तुम एक दिन के लिए भी हिलसा की चर्चा बंद कराने में सफल हुए तो मैं तुम्हें इनाम दूंगा।"

फिर तो इनाम तैयार रखिये, अन्नदाता! एक दो दिन में ही आप सुन लेंगे कि राजदरबार तो क्या पूरे नगर में किसी और विषय की चर्चा है हिलसा की नहीं।" गोपाल बोला और महाराज से आज्ञा लेकर दरबार से निकला।

अगले दिन गोपाल राजदरबार में नहीं आया। महाराज खीज उठे। आज फिर ये दरबारी हिलसा की चर्चा में व्यस्त हो जाएंगे और राजकीय कार्य की ओर ध्यान नहीं देंगे। तभी एक महिला ने दरबार में प्रवेश किया महिला ने लाल रंग की साड़ी पहनी हुई थी। चेहरे पर लंबा-सा घूंघट निकाला हुआ था जिसके कारण उसका चेहरा नजर नहीं आ रहा था। दोनों मोटे-मोटे हाथों में लाल रंग की चूड़ियां पहनी हुई थी।

महिला कुछ बेचैन सी मालूम होती थी। दरबार में पहुंचकर उसने एक शब्द मुंह से न निकाला। बस चुपचाप आकर महाराज के सामने खड़ी हो गई। सारे दरबारी अपना-अपना काम छोड़ उस महिला की ओर देखने लगे।

"तुम कौन हो देवी और यहां किस कारण से आई हो?" महाराज ने पूछा। उत्तर में वह महिला मौन बनी रही। सिर्फ उसकी चूड़ियां खनकने की आवाज सबको सुनाई दी।

"बताओ देवी क्या कष्ट है तुम्हें?" महाराज ने दोबारा पूछा, लेकिन महिला ने एक शब्द भी मुंह से न निकाला। वह पूर्ववत मौन खड़ी रही।

"शायद यह गूंगी बहरी है।" किसी दरबारी ने टिप्पणी की। "ऐसा ही मालूम होता है।" दूसरे ने हां में हां मिलाई।

"यदि ऐसा है तो इसे किसी को अपने साथ लाना चाहिए था। बिना जाने हम इसकी क्या सहायता कर सकते हैं?" महाराज बोले।

सारा दिन व्यतीत हो गया। वह महिला उसी तरह से बिना एक शब्द बोले दरबार में खड़ी रही। महाराज बोले, देवी, अब अपने घर जाओ। कल किसी को अपने साथ लेकर आना। तब हम तुम्हारे कष्ट का निवारण करेंगे। कहकर महाराज ने दरबार बरखास्त कर दिया। महाराज उठकर खड़े हो गए। दरबारियों ने अपने बस्ते सहेजे और जाने की तैयारी करने लगे। महाराज ने मुड़कर महिला की दिशा में देखा। महिला अभी भी वैसे ही खड़ी थी। अब तो महाराज को क्रोध आने लगा।

बोले, "अरे देवी जी। अब यहां से टलो भी दरबार खत्म हो चुका है। तुमने तो आज का सारा दिन ही बरबाद कर दिया।

"लेकिन मेरा दिन तो बरबाद नहीं हुआ अन्नदाता।" अचानक घूंघट में से उस महिला का स्वर उभरा। आवाज मरदाना थी।

सभी एकदम से चौंक पड़े। दरबारी जाते-जाते रुक गए। महाराज ने कड़ककर पूछा- "ओ भद्र महिला अपना घूंघट उठाओ और ये भी बताओ कि अभी-अभी तुमने जो कुछ कहा, उसके कहने का उद्देश्य क्या था?"

महिला ने झट से घूंघट उठा दिया। सबकी आंखें आश्चर्य से खुली रह गई। घूंघट के पीछे जो चेहरा था वह गोपाल का चेहरा था।

"ओह तो ये तुम थे गोपाल।" महाराज कुछ क्रोधित स्वर में बोले- "क्या जरूरत थी ये ढोंग रचाने की।

"आवश्यकता थी महाराज।" गोपाल सहज स्वर में बोला, अब तक उसने स्त्री वाला वेश त्याग दिया था और साड़ी के नीचे पहने अपने पारंपरिक वस्त्रों में आ गया था।

"तुमने हमारे प्रश्न का उत्तर नहीं दिया गोपाल, तुम्हें ये वेश धारण करने की क्या आवश्यकता थी?" महाराज ने अपनी बात दोहराई।

"स्त्री वेश मैंने इसलिए बनाया था महाराज जिससे सबका ध्यान अपनी ओर आकर्षित कर सकूं। आपने कहा था कि कम से कम एक दिन ही सही, हिलसा की चर्चा बंद होनी चाहिए। अब आप देख लीजिए आज किसी ने भी हिलसा का नाम नहीं लिया।"

"हां सो तो है। महाराज ने स्वीकार किया।"

"तब तो मैंने पुरस्कार लेने योग्य काम किया है न महाराज। अब लाइए मेरा पुरस्कार।"

महाराज प्रसन्न हो गए। उन्होंने अपने गले का कंठ हार गोपाल की तरफ उछाल दिया। बोले-ये है तुम्हारा पुरस्कार, ले जाकर अपनी पत्नी को दे देना।

उस दिन नगर भर में गोपाल के रूप की चर्चा होती रही। हिलसा की चर्चा के स्थान पर वह दिन गोपाल की चर्चा का विषय बन गया।

20

हम भी कुछ कम नहीं

एक दिन गोपाल चिंतित मुद्रा में अपने बरामदे में बैठा हुआ था। उसकी पत्नी एक पड़ोसन के घर गई हुई थी। पड़ोसन का लड़का बीमार था, वैद्य की दवाइयों का भी उस पर कोई असर नहीं हो रहा था।

अब पड़ोसी धर्म का पालन तो करना ही पड़ता है न। इसलिए गोपाल की पत्नी उसके लड़के की खैर-खबर लेने उसके घर गई हुई थी। वह वापस लौटी तो अपने पति को चिंतित मुद्रा में बरामदे में बैठा हुआ पाया। उसने गोपाल से पूछा- "क्या बात है, आज बहुत गंभीर लग रहे हो? राजदरबार में किसी से कोई कहा-सुनी हो गई है क्या?"

"नहीं ऐसी कोई बात नहीं है। मेरी चिंता का विषय कुछ और ही है।" गोपाल ने पत्नी के चेहरे की ओर देखते हुए गंभीर स्वर में कहा।

"मुझे बताइए न। मैं तुम्हारी सहधर्मिणी हूं। हो सकता है आपकी चिंता को दूर करने में मैं आपकी कुछ सहायता कर सकूं।" पत्नी बोली।

"चिंता मुझे तुम्हारी और बच्चों की हो रही है।" गोपाल ने बताया, "मैं सोचता हूं कि आज तो मैं जीवित हूं, तुम लोगों का

भरण-पोषण कर रहा हूं, पर कल को संयोगवश यदि मेरा देहांत हो जाता है, तब तुम्हारा गुजारा कैसे होगा? राजदरबार से तो कोई आर्थिक सहायता मिलने से रही।"

यह सुनकर गोपाल की पत्नी ठहाका मारकर हंस पड़ी। फिर बोली- "मुझे खुशी है कि अब तुम्हें मेरे और बच्चों की सलामती का विचार भी आने लगा है। लेकिन इसमें आपको दुबला होने की जरूरत नहीं। अव्वल तो आपको कुछ होने वाला नहीं और यदि ऐसा

हो भी जाता है तो मुझे स्वयं पर भरोसा है कि मैं अपना और बच्चों का गुजर-बसर भली प्रकार कर लूंगी।" गोपाल की पत्नी ने कहा।

"कहने और करने में बहुत अंतर होता है, देवी जी। कहना आसान है किंतु करना कठिन। बाहर से कमाई करके मर्द ही ला सकता है। स्त्री के बस की बात नहीं बाहर से कमा कर लाना। उसका काम तो बस घर को संभालना होता है।" गोपाल बोला।

गोपाल की पत्नी ने अपनी श्रेष्ठता सिद्ध करने की ठान ली। उसने कहा- "ठीक है, तुम मुझे एक मौका दो पर मुझसे ये वादा करो कि आज और कल तुम घर से बाहर नहीं निकलोगे। तुम दो दिन तक कुछ नहीं पूछोगे। मैं तुम्हें ये सिद्ध करके दिखा दूंगी कि मैं भी तुमसे कुछ कम नहीं हूं। मैं भी तुम्हें भड़ैती (भांड जैसा स्वांग) करके दिखा सकती हूं।

"चलो यही सही।" गोपाल बोला- "तुम अपनी श्रेष्ठता साबित करके दिखाओ। मैं दो दिन तक घर से बाहर नहीं निकलूंगा।"

वायदे के मुताबिक अगले दिन गोपाल राजदरबार में नहीं गया। उसकी पत्नी भी घर से बाहर न गई। वह दिन भर कोई योजना सोचती रही। जब दूसरे दिन भी गोपाल राजदरबार में नहीं गया तो महाराज कृष्णचंद्र को उसकी कमी महसूस होने लगी।

दरबार में गोपाल ने अपना एक विशिष्ट स्थान बना लिया था, वह हास-परिहास द्वारा सबको हंसाता रहता था। महाराज ने सोचा कि कहीं गोपाल के साथ कोई आकस्मिक घटना तो नहीं घट गई या कहीं वह बीमार तो नहीं पड़ गया। महाराज अभी यह विचार करके गोपाल के यहां किसी को भेजने की सोच ही रहे थे कि द्वारपाल ने आकर उन्हें सूचित किया- "अन्नदाता! गोपाल की पत्नी आई हुई है, आपसे तुरंत मिलना चाहती है।"

"फौरन बुलाओ। हम तो उसके पति के बारे में ही सोच रहे थे।" महाराज बोले।

कुछ ही क्षण बाद गोपाल की पत्नी ने राजदरबार में प्रवेश किया। उसके केश बिखरे हुए थे। पांव में जूतियां नहीं थी। उसकी आंखों से आंसू बह रहे थे। वह एक पुरानी सी साड़ी पहने थी। महाराज उसकी हालत देखकर बोले– "गोपाल की पत्नी। ये सब क्या है? तुमने अपनी यह हालत क्यों बना रखी है? गोपाल कहां है?"

"उत्तर में गोपाल की पत्नी और जोर से रोने लगी। रोते-रोते उसने बताया कि गोपाल की हालत बहुत नाजुक है। वह कल से मरणासन्न हालत में बिस्तर पर पड़े हैं न कुछ खाते हैं न पीते हैं बस एकदम फटी आंखों से छत को देखे जा रहे हैं।"

"तुमने उसे राजवैद्य को नहीं दिखाया?" राजा ने पूछा।

"कैसे दिखाती महाराज। घर में तो एक फूटी कौड़ी भी नहीं थी।" विवशता से हाथ मलते हुए गोपाल की पत्नी बोली।

"ऐसा कैसे हो सकता है? गोपाल तो खूब कमाता है। समय-समय पर हमसे और हमारे नवाब से भी उसे इनाम मिलते रहते हैं। अभी कुछ दिन पहले ही उसने कंजूस बुआ से पैसे कमाए थे और तुम कह रही हो कि पैसे न होने की वजह से तुम गोपाल का इलाज नहीं करवा पाई। ऐसा क्यों?"

"मैं सच कह रही हूं अन्नदाता! मुझे नहीं पता मेरे पति अपने धन को कहां रखते हैं? कभी पूछने की आवश्यकता ही महसूस नहीं हुई। घर की सारी जरूरतें वह स्वयं ही पूरी कर देते थे। अब जब जरूरत पड़ी तो वे बताने के काबिल नहीं है। वे बोलना चाहते हैं, पर बोल नहीं पाते। अब आप ही कुछ कीजिये महाराज वरना मैं विधवा हो जाऊंगी। मेरे बच्चे अनाथ हो जाएंगे।" ऐसा कहकर वह जोर-जोर से रोने लगी।

"बस-बस। अब तुम रोना बंद करो। मैं गोपाल को मरने नहीं दूंगा। ऐसा कहकर उसने तुरंत खजांची को बुलाया और उसे सौ अशर्फियां दिलवा दी। जाओ राजवैद्य को बुलाकर अपने पति का इलाज कराओ। वह जरूर ठीक हो जाएगा।" हम भी कल समय निकालकर उसे देखने आएंगे।

गोपाल की पत्नी महाराज को धन्यवाद देकर तुरंत राजदरबार से निकल गई। अगले दिन दोपहर के समय महाराज गोपाल के घर जाने का विचार कर ही रहे थे कि दोनों पति-पत्नी दरबार में हाजिर हुए। गोपाल का चेहरा हमेशा की तरह खिला हुआ था।

गोपाल की पत्नी भी सुंदर आभूषण पहने हुई थी। उन्हें देखकर ये बिल्कुल नहीं लग रहा था कि गोपाल गंभीर रूप से बीमार था।

गोपाल, ये सब क्या है? कल तो तुम्हारी पत्नी ने हमें बताया था कि तुम मरणासन्न हालत में हो, पर आज तो तुम खूब स्वस्थ नजर आ रहे हो। महाराज ने विस्मय से पूछा।

"अन्नदाता! उस परिहास के लिए मैं आपसे क्षमा चाहता हूं।" गोपाल ने सिर झुकाकर कहा, "बात दरअसल यह है कि मेरी पत्नी यह साबित करना चाहती थी कि मेरे न रहने पर भी वह अपना और बच्चों का भरण-पोषण कर सकती है।" कहते हुए गोपाल ने महाराज को दो दिन पहले की पूरी घटना बता दी। सारी बात सुनकर महाराज खूब हंसे। गोपाल की पत्नी ने जब अशर्फियां लौटानी चाही तो महाराज बोले- "इन्हें अपने पास ही रखो यह तुम्हारी चतुराई का पहला पुरस्कार है। तुमने साबित कर दिया कि विद्वता में तुम अपने पति से कुछ कम नहीं। तुम भी एक अच्छी कलाकार हो।

उस दिन गोपाल ने भी मान लिया कि उसकी मृत्यु के पश्चात् उसकी पत्नी अपना और बच्चों का भरण-पोषण भली प्रकार से कर सकती है। उसे पत्नी पर गर्व महसूस होने लगा।

21

गोपाल की वैद्यगीरी

एक बार महाराज कृष्णचंद्र से एक महीने का अवकाश लेकर गोपाल अपने पैतृक गांव पहुंचा। वहां पहुंचे हुए उसे अभी दस दिन ही हुए थे कि महाराज का भेजा हुआ दूत उसके पास पहुंचा।

दूत को वहां देखकर गोपाल को बहुत आश्चर्य हुआ। उसने अक्समात ही उसके वहां पहुंचने का कारण पूछा तो दूत ने बताया, राजकुमारी इंदुमति गंभीर रूप से बीमार पड़ गई हैं, इसलिए महाराज ने आपको कृष्णा नगर लौटने का आदेश दिया है।

"अरे भाई। राजकुमारी बीमार पड़ गई है तो राजवैद्य को दिखाते। मैं कोई वैद्य या हकीम तो हूं नहीं, जो राजकुमारी को ठीक कर दूंगा।" गोपाल ने कहा।

"देखो गोपाल। दूत बोला, महाराज का मानना है कि राजकुमारी तुमसे बहुत हिल-मिल गई है। तुम अपने तरीके से उसका इलाज करोगे तो वह ठीक हो जाएगी।"

"पर मैं तो एक विदूषक मात्र हूं। मैं भला राजकुमारी का इलाज कैसे कर पाऊंगा?"

"उस विषय में महाराज का मानना है कि यदि तुम उसे अच्छी-अच्छी कहानियां सुनाओगे तो वह निश्चित रूप से ठीक हो जाएगी।" दूत ने कहा।

फिर वैसा ही किया गया। राज महल में पहुंचकर गोपाल ने राजकुमारी इंदुमति को कुछ शिक्षाप्रद होने के साथ-साथ मनोरंजक कहानियां सुनाई, जिन्हें सुनकर राजकुमारी फिर से भली चंगी हो गई। उन कहानियों में से कुछ लोक-कथाएं इस प्रकार थी-

पीपल के पत्ते की पूजा

कलाचंद ठाकुर नाम का एक ब्राह्मण राजा के दरबार में राजपुरोहित था। वह एक प्रसिद्ध विद्वान था। राजा को उस पर बहुत भरोसा और मान था, तभी तो अपने राज्य में राजा ने उसे एक ऊंचा पद दिया था।

कलाचंद धन-धान्य से परिपूर्ण नौकर-चाकरों से घिरे, एक आलीशान बंगले में रहता था। वह उदार ह्वदय का व्यक्ति था। लोग उससे प्यार करते और उसकी बड़ी इज्जत करते थे। फिर भी वह बड़ा दुःखी रहता था क्योंकि उसकी कोई संतान नहीं थी। बरसों बाद जब उसके यहां बेटी हुई तो वह इतना खुश हुआ कि उसने एक शानदार भोज का आयोजन कर पूरे गांव को आमंत्रित किया। बेटी बहुत सुंदर थी उसका नाम लाजवंती रखा गया। नन्हीं लाजवंती बड़ी होने लगी। वह सबकी आंखों का तारा थी। हर कोई उसे बहुत प्यार करता था। उसकी हर इच्छा पूरी की जाती थी। वह जो भी मांगती उसके सामने हाजिर किया जाता। उसके मुंह से निकले एक-एक शब्द का पालन होता। यूं कहे कि वह एक नकचढ़ी और सिरचढ़ी लड़की की तरह बड़ी हो रही थी, पर किसी को इसका एहसास नहीं था। लोग उसके रूप पर मोहित थे।

वहां के राजा ने तय किया था कि उसके बड़े होने पर वह अपने बेटे राजकुमार गुनाधर से उसकी शादी करवाएगा। लाजवंती को यह मालूम था कि एक दिन वह रानी बनेगी, इससे उसका घमंड और बढ़ गया। समय आने पर शादी की तैयारियां शुरू होने लगी।

एक दिन लाजवंती अपनी सहेलियों के साथ पास के जंगल में फूल चुनने गई। जब वे घर लौट ही रही थी तब उसकी सखियों ने इशारा किया कि वे बहुत थक चुकी हैं। उनमें से एक ने पीपल के पेड़ की तरफ इशारा करते हुए कहा, चलो पीपल की छांव में थोड़ी देर आराम कर लें।

नाक भौंह सिकोड़ती हुई लाजवंती बोली, छिः इस गन्दे, बूढ़े, चिड़ियों से भरे पेड़ के नीचे इतनी गंदी जगह पर मैं नहीं बैठ सकती।

"बेकार की बात मत करो, लाजवंती।" उसकी एक सखी ने कहा "कितना साफ, सुंदर और छायादार पेड़ है।"

"पेड़ों के नीचे बैठने की मेरी आदत नहीं है" मुंह फुलाकर लाजवंती बोली। क्या तुम्हें याद नहीं मेरी शादी राजकुमार से हो रही

है? भावी रानी पेड़ के नीचे भिखारियों की तरह बैठे, क्या यह शोभा देता है?"

उसके बाद कुछ भी कहने का मतलब नहीं था। लाजवंती बहुत ही जिद्दी और घंमडी थी। अपने अलावा वह किसी के बारे में भी नहीं सोचती थी। उन लोगों ने वह जगह छोड़ दी। पीपल का पेड़ उसकी बात सुनकर बहुत दुःखी हुआ।

पीपल का यह पेड़ नारायण देव को पूज्य था और पेड़ की भावनाओं को आहत करने पर वह लाजवंती से बहुत नाराज हुए।

इसके अलावा नारायण देव को किसी व्यक्ति में जरा भी अहंकार पसंद नहीं था। उनकी भृकुटी तन गई। ठीक उसी समय उस राज्य में कुछ हुआ। वहां की शांति और खुशहाली छिन गई, सुरक्षा और कानून का नामोनिशान न रहा। कहीं कुछ भी ठीक नहीं चल रहा था। हर तरफ झगड़े-फसाद इस तरह बढ़े कि राजा उन्हें निपटाने के लिए बस यहां से वहां भागता रहता। ऐसे में शादी अनिश्चित काल के लिए टल गई।

लाजवंती के पिता के भी बुरे दिन शुरू हो गए और उसकी धन संपत्ति खत्म हो गई। ऐसे समय में भी जिद्दी लाजवंती ने अपने गहने नहीं दिए। वह दिन रात उन्हें पहने रहती। एक रात डाकू उनके घर में घुसे और सभी मूल्यवान चीजें लूटने लगे। लाजवंती को कीमती गहनों से लदे देख डाकुओं का सरदार बोला,"गहने हमारे हवाले करो और हमारे साथ चलो।"

लाजवंती फूट-फूटकर रोने लगी।

"रोना बंद करो" डाकू ने कहा, "हम तुम्हें कोई नुकसान नहीं पहुंचाएंगे। हमें बस घर संभालने के लिए एक काम वाली चाहिए।

"लेकिन मैंने अपने जीवन में कभी कोई काम नहीं किया।" लाजवंती ने रोते हुए कहा। मुझे नहीं पता ये सब कैसे करते हैं?

"बकवास बंद करो और हमारे साथ चलो नहीं तो बाल खींचते हुए ले जाऊंगा।" खूंखार आवाज में एक डाकू ने कहा।

लाजवंती डर गई और रोते हुए उनके पीछे चलने लगी। वह अंधेरे में लड़खड़ाई और पीपल के पेड़ के पास जा गिरी। सिसकती हुई बोली, "हे पीपल के पेड़, कृपा करो इन डाकुओं से मेरी रक्षा करो मुझे शरण दो।

पीपल का ह्रदय विशाल था। उसने लाजवंती को अपने कोटर में छिपा लिया। डाकुओं ने उस जगह का चप्पा-चप्पा छान मारा, मगर उन्हें अचानक से गायब हुई लाजवंती कहीं नहीं मिली।

"आश्चर्य" डाकुओं के सरदार ने कहा,"आखिर वह कहां छुप गई?"

"जाने दो उसके गहने हमारे ही पास हैं" दूसरे डाकुओं ने कहा।

लाजवंती अब पेड़ के कोटार में रहने लगी थी। सुबह होने के पहले वह तालाब में नहाती और आस-पास उगने वाले फल खाती। ज्यादातर समय वह कोटार में रहती और रात में भी वहीं सोती।

एक दिन मां लक्ष्मी वहां से गुजर रही थी। लाजवंती को तालाब से बाहर निकलते देख उन्होंने पूछा, "कौन हो तुम?" लाजवंती ने तब उन्हें अपनी पूरी कहानी सुनाई।

"तुम्हें इस बात का एहसास है कि चीजें अचानक क्यों बदल गई और तुम्हें इतने दुःख क्यों उठाने पड़े?" उन्होंने लाजवंती से पूछा।

"नहीं मां मेरी समझ में कुछ नहीं आया।" उसने जवाब दिया। मेरी बच्ची अहंकार धरती पर सबसे बड़े पापों में से एक है, उन्होंने कहा। अपने अहंकार में तुमने पीपल को दुःख पहुंचाया। फिर भी इसी पीपल ने तुम्हें शरण दी।

"मुझे अपनी गलती का एहसास है" भर्राए गले से लाजवंती ने कहा। मुझे इतना घमंड नहीं करना चाहिए था। क्या कोई तरीका है जिससे मैं पश्चात्ताप कर सकूं?

हां तुम कर सकती हो, देवी ने कहा। उन्होंने उसे बताया कि सब कुछ वापस पाने के लिए तुम्हें पीपल के पत्ते की पूजा करनी होगी और चार सालों तक इस व्रत को निभाना होगा। उसके बाद मां लक्ष्मी लाजवंती को उसके पिता के घर ले गई।

लाजवंती को वापस पाकर मां-बाप की खुशी का ठिकाना न था। इस बात से वे ज्यादा खुश थे कि दुःख और सदमे ने लाजवंती को बदल दिया। पीपल के पत्ते की पूजा रस्म निभाने में उन्होंने उसकी मदद की। चार वर्ष समाप्त होने से पहले राज्य में शांति और खुशहाली लौट आई और कलाचंद के पास धन-संपत्ति भी।

लाजवंती की शादी राजकुमार गुनाधर से हुई और खुशी-खुशी वे साथ रहने लगे। जब तक वह जीवित रही पीपल की पूजा करना कभी नहीं भूली।

22

कंजूस राजा और उसका घोड़ा

एक राजा इस हद तक कंजूस था कि उसकी प्रजा को उसकी दिमागी हालत पर शक होता था। हर जगह वह पैसे बचाने की कोशिश करता। फटे-पुराने कपड़ों को वह तब तक पहनता जब तक कि उनके चिथड़े-चिथड़े नहीं हो जाते।

पूर्वजों से मिला धन वह तिजोरी में रखता और उसकी चाबी साथ लिए चलता। चूंकि वह पैसे खर्च करता न था इसलिए महल में सजावट न होती। फूलों का उसके लिए कोई महत्व नहीं था इसलिए बाग खाली पड़े थे। सामान बाजार से खरीदना न पड़े, इसलिए अपनी फसलों और फलों की देखभाल मजबूरी में करवाता। हां बुनकरों को उसने बख्श दिया था, क्योंकि कपड़ा हर किसी की जरूरत था। लेकिन बाकी हर जगह कंजूसी की हर सीमा पार कर देता था। उसकी रानियों की हालत बड़ी दयनीय थी। न तो उनके पास राजसी कपड़े थे और न ही गहने। शादी के पहले से जो कुछ धन उनके पास था, उसे राजा ने तिजोरी में ठूंस रखा था।

अगर रानियां कभी कुछ नया मांगने की हिम्मत कर बैठती तो राजा कहता "धन की बचत, धन का लाभ है। ना कुछ मांगो और ना कुछ खर्च करो।"

"तिजोरी में बंद धन से आखिर तुम क्या हासिल कर लोगे?" खीझकर रानियां पूछती।

राजा उन्हें जवाब देता, "इसे बंद ही रहने दो। जो भी है सब मेरा है।" राजा के मंत्री उसे समझाने की कोशिश करते और उसके सामने तर्क रखते। वे कहते, "एक राजा को नेता होना चाहिए। उसे रौबदार लगना चाहिए। उसे बुद्धिमानों की रक्षा, मूर्खों का त्याग और प्रजा को खुशहाल रखना चाहिए। उसका रहन-सहन, जीवन शैली, ठाठ-बाट और बाकी सब कुछ एक राजा की तरह होना चाहिए।" पर सब बेकार।

राजा चिकना घड़ा हो चुका था। वह अपने कान बंद कर लेता और वही पुरानी बातें दोहराता: "धन की बचत, धन का लाभ है। ना मैं खर्च करूंगा, ना मैं दूंगा।"

आखिरकार हर किसी ने यह महसूस किया कि उसे कुछ भी बोलने का कोई फायदा नहीं है। यह नहीं बदलने वाला।

पर कभी-कभी ऐसा कुछ हो जाता है जैसा किसी ने कुछ सोचा भी नहीं। एक बार राजा से मिलने वालों में एक छोटा बच्चा भी था। राजदरबार तक राजा को नंगे पैर आता देखकर वह कहने लगा, "राजा पैदल आ रहा है उसके पास एक घोड़ा तक नहीं? छि-छि यह क्या बात हुई।" वहां उपस्थित सभी लोगों ने दोहराया, छि-छि यह क्या बात हुई। वहां से गुजरने वालों ने भी कहा छि-छि यह क्या बात हुई।

यह सब सुनकर राजा सहन नहीं कर सका। लोगों ने इससे पहले उसे सलाह दी और प्रार्थना भी की थी। मगर उसके मुंह पर ताना देने की हिम्मत किसी ने भी नहीं कि थी। कम से कम उसके राज्य के किसी व्यक्ति ने नहीं की थी। राजा को शरम आ गई और यह एहसास उसे अच्छा नहीं लगा। पैसा बचाना अच्छी बात है पर राजा के पास कम से कम एक घोड़ा तो होना ही चाहिए। मैं एक घोड़ा खरीदना चाहता हूं, अचानक एक दिन उसने घोषणा की। हर कोई झूम उठा। कभी किसी ने यह कहते नहीं सुना था कि उसे कुछ खरीदना है, अब भले ही यह घोड़ा ही क्यों न हो।

"एक घोड़ा कितने में आएगा? पता लगाओ।" राजा ने आदेश दिया।

"जी महाराज" उसके मंत्रियों ने खुश होकर कहा।

घोड़ों के व्यापारी बहुत खुश थे। आखिर शाही खरीद होने वाली थी। उन्होंने ठान लिया कि वे राजा से मुंहमांगी कीमत वसूल करेंगे। हो न हो, राजा अपने जीवन में फिर दूसरा घोड़ा ही न खरीदे। उन्होंने सबसे छोटे, दुबले और भद्दे से दिखने वाले घोड़े की कीमत हजार रुपये तय की। राजा के मंत्री उसे बताने पहुंचे।

"क्या।" अविश्वास से राजा चिल्लाया, "एक घोड़े की कीमत हजार रुपये? तुम्हारा दिमाग तो ठीक है? शायद तुमने ठीक से नहीं सुना होगा। मुझे एक शानदार दमदार घोड़ा नहीं चाहिए। मुझे एक मामूली सा घोड़ा चाहिए जिसकी मैं सवारी कर सकूं।"

"हमने उन्हें यही बताया था" मंत्रीगण खेद जताते हुए बोले। लेकिन कोई भी इससे कम में घोड़ा बेचने को तैयार नहीं हुए।

"हूं, मैं एक घोड़े के लिए एक हजार रुपये बरबाद नहीं कर सकता" राजा ने मन को कड़ा करके कहा।

"क्यों न मैं सारे घोड़ा व्यापारियों को देश निकाला दे दूं? तुम क्या कहते हो?"

"यह उचित होगा महाराज?" एक मंत्री ने कहा। मगर निकाले गए व्यापारी पड़ोसी राज्य में यह बात फैला सकते हैं और फिर सभी आप पर हंसेंगे।

"और तो और, युद्ध भी छिड़ सकता है" दूसरे ने कहा, "तब आपको घोड़े कहां से मिलेंगे? युद्ध में हमें इनकी जरूरत होगी। अगर आप दूसरे राज्य से आप इन्हें खरीदेंगे तो आपको ज्यादा कीमत चुकानी पड़ेगी।"

"ठीक है उन्हें रहने दो" राजा ने कहा। पर उनका इस तरह धौंस जमाना मुझे बिल्कुल अच्छा नहीं लगा।"

"इसका मतलब आप घोड़ा नहीं खरीद रहे, महाराज?" मंत्रियों ने एक साथ कहा, "हमें विश्वास है कि आप नहीं चाहेंगे कि लोग आप पर हंसे और छि-छि करें जैसे उस दिन किया था।"

राजा वह एहसास दोबारा नहीं चाहता था। "ठीक है, मेरे लिए घोड़ा ले आओ" थक हारकर उसने कह ही दिया।

विधिपूर्वक घोड़ा पहुंचाया गया- बहुत ही साधारण और मध्यम कद काठी वाला घोड़ा राजा ने खरीदा था और राजा जब भी उस घोड़े को देखता अपने हजार रुपये याद करता और आंहें भरता। आहः

कितनी बड़ी बरबादी हुई और वो भी सिर्फ इसलिए कि लोग उस पर ना हंसे। वह घुड़सवारी करता मगर खुश न रहता।

उन पैसों के बारे में सोच-सोचकर जो उसने घोड़े पर बर्बाद किए वह दुःखी से भी महादुःखी होता जा रहा था। उसकी नींद उड़ गई थी और वह दिन-रात उस पैसे को वापस पाने के उपाय सोचता रहता। एक दिन उसे तरकीब सूझी। अगली सुबह उसने अस्तबल से घोड़ा खोल उसे जाने दिया। घोड़े की देखभाल के लिए कोई सेवक रखना राजा को फालतू लगता था, ऐसे में घोड़ा महल के कुछ सेवकों की दया पर निर्भर था। बाहर निकलकर घोड़ा बहुत खुश नजर आ रहा था।

अगली सुबह राजा को पैदल आता देख सभी हैरान हो रहे थे। आपका घोड़ा कहां है महाराज? मंत्रियों ने पूछा।

"मुझे नहीं पता। मैंने उसे अस्तबल से छोड़ दिया।" राजा ने कहा- "अब मैं चाहता हूं कि आप एक घोषणा कर दें। हर किसी को यह बता दे कि जो कोई भी मेरे घोड़े के मरने की खबर देगा उसे हजार रुपये जुर्माना देना होगा। हर कोई जैसे सदमे में था। कैसी अजीब बात थी और कितनी कठोर भी?

"अगर वह घोड़े की देखभाल ठीक से नहीं कर सकता तो उसे घोड़ा खरीदना भी नहीं चाहिए था।" मंत्रियों ने कहा।

लोग आशंकित थे कि घोड़ा जल्द ही मर जाएगा। वह तो पहले से ही दुबला पतला और बीमार था। अगर किसी के खेत में यह मर गया तो सच में खतरनाक साबित होगा। तब उसे हर हाल में राजा को सूचना देनी होगी और फिर हजार रुपये का जुर्माना भुगतना होगा। ऐसे में लोग घोड़े को अपने घरों के पास देखते ही भगा देते। एक दिन घोड़ा चुपके से एक बुनकर के आंगन में घुसा और वहीं मर गया। बुनकर असमंजस में था। राजा को इसकी सूचना उसे ही देनी थी। मगर उस गरीब के पास जुर्माना देने के पैसे नहीं थे। अब वह क्या करे? पूरी रात वह सोचता रहा और सुबह होते ही महल के लिए निकल पड़ा।

इतनी सुबह बूढ़े बुनकर को दरबार में देख सब हैरान थे। "क्या हुआ?" राजा ने पूछा। बुनकर बिना बोले अपना सिर हिलाने लगा।

"फिर तुम यहां क्यों आए हो?" अधीर होकर राजा ने पूछा। आखिरकार बुनकर ने सिर उठाया और कहा।

"क्या मैं कहूं, कैसे कहूं महाराज?

खबर ऐसी मैं आपके लिए लाया हूं।

आपका घोड़ा वहां चारों खाने चित्त पड़ा है।

अधखुली आंखें उसकी, बिल्कुल निढाल पड़ा है।"

"क्या राजा उठते हुए चिल्लाया। तुम कहना क्या चाह रहे हो कि मेरा घोड़ा मर गया।"

"महाराज, महाराज!" दरबार में सभी एक साथ बोल उठे अपने घोड़े के मरने की बात आपने खुद ही कह दी। अब जुर्माना कौन देगा?

राजा की त्योरियां चढ़ गई, वह समझ गया कि अपने जाल में वह खुद ही फंस गया है। मगर अगले पल ही वह हंसने लगा। ओह कितना हंसा था वो अपनी मूर्खता पर, आखिरकार जो दूसरे कह रहे थे वह उसकी समझ में भी आ गया था।

"बिल्कुल ठीक! जुर्माना मैं ही भरूंगा" हंसते हुए उसने कहा इसकी आधी राशि इस बूढ़े बुनकर को जाएगी क्योंकि इतने सालों में मुझे समझदारी की बात इसी ने समझाई है।

"और बाकी?" दम साधे मंत्रियों ने पूछा।

"सभी के लिए मिठाई मंगाने में खर्च की जा सकती है।" राजा ने कहा और पूरा दरबार झूम उठा।

23

पंडित और भूतों का कुआं

एक पंडित ने अपनी पत्नी के साथ तीर्थ यात्रा करने का मन बनाया। उसने अपनी जीवन भर की कमाई अपने दुकानदार मित्र को सौंपने की सोची।

"उसे यह बताना ठीक न होगा कि हम उसके पास क्या छोड़कर जा रहे हैं?" उसकी पत्नी ने कहा। "लोगों को ललचने का अवसर नहीं देना चाहिए।"

तुम ठीक कहती हो, पंडित ने कहा। मैं सब कुछ एक घड़े के अंदर डाल उसे सुपारी से भर दूंगा। उससे यही कहूंगा कि मैं सुपारी से भरा घड़ा उसके पास रखकर जा रहा हूं। ऊपर सुपारी देख वह पड़ताल भी करने की कोशिश नहीं करेगा। पंडित ने घड़ा अपने मित्र के यहां रखा और अपनी इस तरकीब पर खुद को शाबाशी देते हुए तीर्थयात्रा पर निकल पड़ा।

दुकानदार उतना सीधा नहीं था जितना पंडित ने समझा था। वह तुरंत ताड़ गया कि अगर इसमें सिर्फ सुपारी होती तो पंडित उसकी रखवाली क्यों करवाता। उसने घड़े को खाली किया तो उसे रुपयों की थैली मिल गई। वह ठहाका मार कर हंसा और रुपये अपने पास रख लिए। उसने वापस सुपारी से घड़े को भर दिया और कुछ सुपारी अपनी भी मिलाई ताकि घड़ा ऊपर तक भर जाए।

कुछ महीनों बाद पंडित वापिस आया और अपने मित्र के यहां घड़ा लेने पहुंचा। दुकानदार बहुत देर तक उसे अनदेखा करता रहा। आखिरकार उसके आने का कारण पूछा।

"मैं अपना सुपारी से भरा घड़ा लेने आया हूं।" पंडित ने कहा।

"तुम्हारा सुपारी भरा घड़ा? अरे हां याद आया, दुकानदार ने कहा। जरूर ले जाओ। उसने वह घड़ा पंडित को सौंप दिया।"

जब पंडित घर पहुंचा और उसने घड़े को खाली किया तब उसमें केवल सुपारी थी। रुपयों की थैली का कहीं कुछ पता न था। वह भागा-भागा दुकानदार के पास पहुंचा।

"रुपयों की थैली कहां है जो मैंने सुपारी के नीचे रखी थी?" उसने अपने मित्र से पूछा। "कृपा करके मुझे मेरी थैली वापस कर दो। तुम जानते हो कि वह मेरी जीवन भर की पूंजी थी।"

"कौन सी रुपयों की थैली?" मैं नहीं जानता तुम क्या बोल रहे हो। दुकानदार ने कहा। तुमने सुपारी भरा घड़ा मुझे सौंपा था और मैंने तुम्हें वह वापस कर दिया। रुपयों की थैली के बारे में मैं कुछ नहीं जानता।

पंडित विनती करता रहा मगर सब व्यर्थ। दुकानदार यह मानने को तैयार ही नहीं था कि उसमें सुपारी के अलावा कुछ और भी था। पंडित राजा के पास भी गया लेकिन राजा भी कोई मदद नहीं कर पाया।

"क्या तुमने अपने मित्र को यह बताया था कि तुम उसके पास पूंजी छोड़ रहे हो?" राजा ने पूछा।

"महाराज, मैंने कहा था कि मैं सुपारी से भरा घड़ा छोड़ रहा हूं।" उसने रोनी सूरत बनाकर कहा।

"उसमें सुपारी ही थी, महाराज।" दुकानदार ने सख्ती से कहा और अब ये कह रहा है कि उसमें रुपये थे।"

"तुमने अपने मित्र से सच क्यों नहीं कहा?" राजा ने हैरान होकर कहा।

"मेरे लिए यह निर्णय करना मुश्किल है कि तुम दोनों में से सच कौन बोल रहा है? तुमने कहा कि तुम सुपारी से भरा घड़ा छोड़ रहे हो और उसने तुम्हें वह घड़ा वापस कर दिया। इस समय यही मुझे बहुत स्पष्ट रूप से दिख रहा है। मुझे माफ कर दो, मैं इसमें तुम्हारी कोई मदद नहीं कर सकता।"

पंडित बहुत निराश हुआ। अपनी बात राजा के सामने सिद्ध करने के लिए उसके पास कोई सबूत नहीं था। उसे लगने लगा कि यह उसी की गलती है जो उसने अपने मित्र से सच छिपाया। मगर वह इस बात से ज्यादा दुःखी था कि उसके मित्र ने उसे धोखा दिया। एक कुएं के पास बैठ वह जोर जोर से रोने लगा।

उस कुएं में सात भूतों ने अपना डेरा जमाया हुआ था। भूतों ने उसे रोते हुए सुना तो उन्हें भी बड़ा दुख हुआ। वे कुएं से बाहर निकले और उसके रोने का कारण पूछा। पंडित उन्हें देख चौंका मगर डरा

नहीं। उसने महसूस किया कि वे उसको नुकसान नहीं पहुंचाना चाहते। उसने उन्हें पूरी कहानी सुनाई। भूतों ने इस मसले पर आपस में बातचीत की और पंडित से कहा, "हम तुम्हारी मदद करना चाहते हैं।"

"मुझे नहीं लगता कि तुम कर पाओगे?" पंडित ने कहा।

मेरा मित्र यह कभी नहीं स्वीकार करेगा कि घड़े में रुपये भी थे। राजा तक उससे यह स्वीकार नहीं करा पाया।

"तुम ऐसा मत सोचो। वह स्वीकार भी करेगा और रुपये भी लौटाएगा।" भूतों ने कहा। कल इसी समय सुपारी से भरे अपने घड़े को लेकर आना।

पंडित को पूरी तरह उनकी बात पर भरोसा नहीं हुआ।

फिर भी अगले दिन घड़े के साथ वह कुएं के पास पहुंचा। पलभर में सातों भूत घड़े में घुस गए और उसे सुपारी से भर लिया। पंडित भौंचक देखता ही रह गया।

"अपने मित्र के पास जाओ" भूतों ने कहा और फिर से उससे घड़ा रखने को कहो। उससे इस बार कहो कि तुम शहर से बाहर रुपए कमाने जा रहे हो।

जैसा कहा गया पंडित ने वैसा ही किया। उसे तो दुकानदार से कुछ भी कहने की जरूरत नहीं पड़ी। पंडित को घड़े के साथ आता देख उसने स्वयं ही उसे अपने पास रखने का प्रस्ताव दे दिया। उसे विश्वास था कि पिछली बार की तरह इस बार भी इसमें रुपए होंगे।

"पिछली बार तुमने जो हरकत की उसके बाद मैं यह तुम्हें सौंपना नहीं चाहता था पर-" पंडित ने कहा।

चिंता मत करो, तुम्हारा घड़ा सुरक्षित हाथों में है। दुकानदार ने कहा।

पंडित ने बुझे मन से घड़ा वहां रखा और निकल पड़ा। दुकानदार में इतना भी धीरज नहीं था कि वह एक कमरे के अंदर जाकर घड़ा खाली करे। उसे विश्वास था कि उसमें पंडित की पत्नी के गहने और रुपए होंगे। घड़ा लेकर वह अपने भंडारघर में घुसा, जल्दी से दरवाजा बंद किया और घड़े को उल्टने लगा। ऐसा करते ही सातों भूत बाहर निकले और दुकानदार को पीटने लगे। वे तब तक उसे मारते रहे जब तक उसने दया की भीख नहीं मांगी। पंडित के रुपए तुम वापस करोगे

या नहीं? पहले भूत ने उसे इतनी जोर से हिलाते हुए पूछा कि उसके दांत किटकिटाने लगे।

लौटाऊंगा लौटाऊंगा! अभी लौटाऊंगा! दुकानदार चिल्लाया।

"तुम उससे माफी मांगोगे?" दूसरे भूत ने उसे पीठ पर लात जमाई।

"मांगूगा!"

"राजा को पूरी बात बताओगे।" तीसरे भूत ने उसके कान पर थप्पड़ देते हुए पूछा।

"बताऊंगा"

"तुमने पंडित को धोखा दिया अब उसे ज्यादा रुपए लौटाओगे कि नहीं?" चौथे भूत ने उसकी नाक पर मुक्का जमाया।

"हां-हां!"

"लोगों के साथ तुम धोखाधड़ी करोगे?" पांचवें ने उसकी बांह मरोड़ी।

"नहीं! नहीं! नहीं!" दुकानदार ने चीखते हुए कहा।

"जिनके साथ तुमने पहले धोखाधड़ी की है उसकी तुम भरपाई करोगे?" छठे भूत ने उसकी टांगों पर प्रहार करते हुए पूछा।

"करूंगा, करूंगा और न मारो, मैं मर जाऊंगा।" दुकानदार ने रोते हुए कहा।

"हमने क्या कहा है तुम्हें याद रहेगा।" सातों भूत एक साथ गरजे। अगर तुमने किसी को धोखा दिया तो हम वापस आएंगे।

याद रखूंगा! जब तक जीवित रहूंगा तब तक याद रखूंगा। दुकानदार ने रोते हुए कहा, कृपा मुझे जाने दो। भूत फिर से घड़े

में घुस गए। यह देख दुकानदार कांप गया और चुपचाप उसने घड़े को एक कोने में रख दिया और फिर भागता हुआ पंडित की खोज में निकला, उससे माफी मांगी और उसके पूरे पैसे वापस कर दिए। उसने उसे कुछ अतिरिक्त रुपए भी दिए और घड़ा वापस ले जाने की विनती की।

पंडित घड़े को वापस कुएं तक ले गया और भूत अपने बसेरे में घुस गए। जहां तक दुकानदार की बात है, वह बिल्कुल बदल गया और जब तक जीवित रहा उसने किसी को धोखा नहीं दिया। देता भी कैसे, भूतों से फिर से उसका पाला न पड़ जाता।

24

मां षष्ठी पुराण

बहुत पहले एक धनी किसान था। जिसके पास एक शानदार घर, एक जोड़ा तालाब, एक बड़ा बगीचा और धान के कई खेत थे। उसके सात बेटे भी थे। बड़े होने पर उसने सात सुंदर कन्याओं से उनकी शादी करा दी।

उनमें से सबसे छोटी बहू बड़ी लालची थी। हालांकि हर रोज ढेरों पकवान बनते और हर किसी के लिए जरूरत से ज्यादा होता फिर भी छोटी बहू चोरी छिपे अपने हिस्से से ज्यादा खाती। जब रसोई में कोई न होता वह वहां घुसती और पूरा दूध पी जाती या सारी मिठाई खा जाती। उनके पास दो बड़े तालाब थे जिनसे खूब मछलियां रोज पकड़ी जाती। छोटी बहू सबसे बड़ी और स्वादिष्ट मछली चुनती और हजम कर जाती। ऐसा वह हर रोज करती और कोई भी उसे पकड़ नहीं पाता।

कहने की जरूरत नहीं कि घर में हर किसी को यह लगने लगा था कि ढेर सारा दूध, मिठाई और मछलियां हर रोज गायब हो रही है पर किसी को पता न था कि उन्हें कौन चुरा रहा है।

एक दिन किसान की पत्नी ने सातों बहुओं को बुलाया और पूछा, "पिछले कुछ दिनों से बहुत सारा दूध गायब हो रहा है, क्या तुम्हें कुछ भी अंदाजा है कि कौन चुरा रहा है?" नहीं मां छह बड़े बेटों की पत्नियों ने कहा।

"क्या तुम्हें कुछ पता है?" किसान की पत्नी ने सबसे छोटी बहू से पूछा।

"हां मैं जानती हूं" उसने कहा।

"कौन है वह?"

"वह काली बिल्ली है।" छोटी बहू ने कहा।

"तुम्हें पूरा विश्वास है? क्या तुमने उसे दूध पीते हुए देखा है?" किसान की पत्नी ने पूछा।

"हां मां, मैंने देखा है।" छोटी बहू ने कहा, "मैंने उसे हर दिन दूध पीते और सबसे अच्छी मछली झपटकर ले जाते देखा है। वह बिल्ली बड़ी धूर्त है।"

"हमें काली बिल्ली को पकड़ना होगा।" किसान की पत्नी ने घोषणा की।

अगली बार जब बिल्ली घर में घुसी तो उन्होंने उसे पकड़ा और खूब पीटा। फिर भी, दूसरे दिन मछलियों के सबसे बड़े टुकड़े गायब थे।

"कौन ले सकता है, क्या तुम जानती हो?" किसान की पत्नी ने अपनी बहुओं से दोबारा पूछा।

"वही काली बिल्ली।" छोटी बहू ने बड़े आराम से कहा, "मैंने उसे मछली का बड़ा सा टुकड़ा मुंह में दबाकर ले जाते हुए देखा था।"

काली बिल्ली ने फिर मार खाई। हर रोज ऐसा होता। छोटी बहू सबसे बढ़िया चीजें खाती रही और हर बार काली बिल्ली का नाम लेती रही। आखिरकार काली बिल्ली ने मां षष्ठी से जाकर फरियाद की।

"मां, अब मैं और मार नहीं सहन कर सकती" उसने देवी से कहा। यह सब छोटी बहू की शैतानी है। सही समय पर मैं उसे इसकी सजा जरूर दूंगी तब आप मुझे दोष मत दीजिएगा। उसे सबक मिलना ही चाहिए, देवी मां मुस्कराते हुए बोली। उसने चोरी करके, झूठ बोलकर और दूसरे के ऊपर दोष डालकर बहुत गलत किया है। उसे इसकी सजा एक दिन जरूर मिलेगी।

कुछ महीनों के बाद छोटी बहू को एक सुंदर बेटा हुआ। घर में पहले से कोई बच्चा नहीं था। इसलिए परिवार में सभी बहुत खुश थे। लेकिन अगली सुबह जब वे उठे तो पाया कि बच्चा लापता है। सबने चप्पा-चप्पा छान मारा लेकिन बच्चे का कहीं कोई पता न लगा। छोटी बहू फूट-फूटकर रोई।

वह बच्चा किसी और ने नहीं बल्कि जिसके साथ अन्याय हुआ था, उसी काली बिल्ली ने चुराया था। बच्चे को लेकर वह सीधी षष्ठी मां के पास पहुंची। बच्चे को मां की गोद में देती हुई वह बोली, यह लो मां। मैंने आपसे कहा था कि मैं छोटी बहू को सजा दूंगी। अब यह बच्चा आपकी जिम्मेदारी है।

अगले साल छोटी बहू को फिर एक बेटा हुआ। पिछली बार की तरह यह भी चोरी हो गया और कोई उसे ढूंढ़ नहीं पाया। इस बार भी काली बिल्ली इसे षष्ठी मां के पास ले गई। इस तरह छोटी बहू के छह बेटे हुए और सभी चोरी हो गए। लोग उस पर लापरवाह होने का आरोप लगाते। दबी आवाज में यह तक कहते कि वह तो चुड़ैल है जो अपने बच्चों को अपने पास नहीं रखती। फिर कुछ समय बाद उसके एक बेटी हुई तब छोटी बहू ने रात भर जागकर बच्चे की रखवाली करने का निश्चय किया। भोर होते-होते उसे नींद आ गई। उसने अभी

झपकी ली ही थी कि उसे लगा जैसे कोई चादर खींच रहा हो। उठी तो पाया कि काली बिल्ली बच्चे को लेकर भाग रही है।

छोटी बहू उसके पीछे दौड़ी मगर बिल्ली बहुत तेजी से भागी। अपना भारी कंगन खोलकर उसने बिल्ली पर फेंक मारा। कंगन उसके सिर पर लगा और भागती हुई बिल्ली के सिर से खून निकलने लगा। खून के निशान का पीछा करते हुए छोटी बहू मां षष्ठी के घर पहुंच गई। उसकी बेटी मां की गोद में बैठी थी और बाकी बच्चे बगल में ही खेल रहे थे। काली बिल्ली उनके चरणों में बैठी थी। मां के चरणों में गिरकर छोटी बहू रोने लगी और बोली, "मां, यह शैतान बिल्ली मेरे सारे बच्चे मुझसे चुराती रही है। मैं देख रही हूं कि वे सब आपके पास हैं। मुझ पर कृपा कीजिए और मेरे बच्चे मुझे लौटा दीजिए"

"मैं ऐसा नहीं कर सकती।" मां षष्ठी ने कहा, क्या तुम्हें पता नहीं कि काली बिल्ली मुझे बहुत प्रिय है और यह मेरी वाहन है? तुम चोरी करती रही और वह निर्दोष पिटती रही। इस गलत व्यवहार को मैं अनदेखा नहीं कर सकती। तुम्हें अपने बच्चे पाने का कोई अधिकार नहीं।

"क्षमा करें मां, मैं ऐसा फिर कभी नहीं करूंगी।" छोटी बहू रोती हुई बोली। "मुझे पछतावा है कि झूठ मैंने कहा और मार बिल्ली ने खाई।"

"मुझसे क्षमा मांगकर कुछ न होगा।" मां षष्ठी बोली अगर तुम क्षमा चाहती हो तो मेरी बिल्ली से मांगो। जिसके साथ तुमने गलत किया है।"

तब छोटी बहू ने काली बिल्ली के पैर छूकर उससे क्षमा मांगी और कसम खाई कि आगे से वह कभी ना तो झूठ बोलेगी ना चोरी करेगी। काली बिल्ली को उस पर दया आ गई और उसने उसे क्षमा कर दिया।

माँ षष्ठी ने उसे उसके बच्चे लौटा दिए और छोटी बहू खुशी खुशी अपने घर लौट गई। घर वापस आकर पूरी श्रद्धा से उसने एक-एक रस्म निभाते हुए मां षष्ठी की पूजा करनी शुरू कर दी। जल्द ही मां के आशीर्वाद से किसान की बाकी बहुओं के भी बच्चे हुए। आज भी मां षष्ठी का व्रत पश्चिम बंगाल में सबसे ज्यादा किया जाता है। हर मां इस व्रत को अपने बच्चों के कल्याण के लिए रखती है।

25

तथास्तु

एक गांव में एक साधु रहता था। उसके आश्रम में कुछ गायें थी, जिनकी देखभाल उसी गांव में रहने वाला एक भक्त किया करता था। इसके बदले यह साधु उसके बच्चों के लिए दो कटोरा दूध दिया करता था। चरवाहा भी खुशी खुशी बड़ी लगन से गायों को चराने ले जाता। कुटिया में उनके लिए पानी और चारे की व्यवस्था करता और दूध दुहा करता। साधु की झोपड़ी में एक छिपकली थी, जो धूप में बदन सेंकते और ठंडी हवा का आनंद उठाते हुए रोज इन सारे दृश्यों को देखा करती थी।

एक दिन चरवाहा दूध दुह रहा था। उसके हाथ से दूध की धारा छिटककर छिपकली के मुंह में जा पड़ी। छिपकली ने जीभ हिलाते हुए दूध चाटा तो उसे दूध का स्वाद अच्छा लगा। दूध दुहने के बाद चरवाहे ने बछड़े को थन से चूसने को छोड़ दिया। गाय के थन बछड़े को चूसते हुए देखकर छिपकली सोचने लगी कितना सौभाग्यशाली है ये बछड़ा रोज इतना स्वादिष्ट दूध इसे मिलता है, लेकिन एक मैं? मुझे इस झोपड़ी के आसपास उड़ते हुए कीड़े-मकोड़े ही खाकर दिन बिताने पड़ते हैं। जाड़े के दिनों में तो ये कीट पतंगे भी नसीब नहीं होते और भूखा ही रहना पड़ता है।

एक दिन उसने इस जिंदगी से छुटकारा पाने की सोचकर साधु को अपने मन की बात बताई। साधु को भला क्या एतराज होता।

इसलिए उसकी बात मानकर साधु ने उसके ऊपर कलश से पानी छिड़कते हुए कहा "तथास्तु! तुम्हारी इच्छा पूर्ण हो और तुम्हारा दूसरा जन्म बछड़े के रूप में हो।"

एक दिन छिपकली की मौत हो गई और उसने साधु के आश्रम में ही एक गाय के बछड़े के रूप में जन्म लिया। चरवाहे ने दो-चार दिन उसे भरपेट दूध दिया। उसके बाद वह दुहने के लिए उसे गाय के पास ले जाता और थन चूसने के लिए छोड़ देता। लेकिन यह क्या!

गाय के थन में जैसे ही दूध उतरता, वह बछड़े को खींचकर खूंटे से बांध देता। बछड़ा पेटभर दूध नहीं पाता। जब वह पूरा दूध दूह लेता तब वह बछड़े को छोड़ देता। बछड़े को थन में बची दो-चार बूंदें चूसकर ही संतोष करना पड़ता।

जैसे-जैसे वह बड़ा होता गया, वह देखता साधु को दूध देने के बाद चरवाहा अपने लिए तो लोटा भरकर दूध ले जाता और उसे घास-फूस खाकर रहना पड़ता। धीरे-धीरे चरवाहा उसे खेत की ओर ले जाने लगा, जहां उसे खेत जोतने के लिए जोता ताजा। उसे बैलगाड़ी में भी जोता जाने लगा। अब उसे चरवाहे का जीवन अच्छा लगने लगा।

एक दिन साधु से उसने फिर अपने मन की बात बताई। उसने साधु से उसे चरवाहा बना देने के लिए विनती की।

साधु ने फिर 'तथास्तु' कहते हुए उसके शरीर पर कलश से जल छिड़का और उसे दूसरा जीवन चरवाहे के रूप में मिलने का वरदान दिया। एक दिन बैलगाड़ी खींचते हुए उसे नदी पार करनी थी। उस समय उसका पैर एक गड्ढे में जा धंसा। पानी में गिरने और नाक के अंदर पानी के घुसने से उसकी वहीं मौत हो गई।

साधु के वरदान के कारण उसका दूसरा जन्म चरवाहे के घर में हुआ। बचपन में सभी उसे लाड़ प्यार करते। दूध-दही, घी-मक्खन की कभी कमी महसूस नहीं हुई। लेकिन जब वह बड़ा हुआ तो यहां भी उसे गड़बड़ी महसूस होने लगी। चरवाहे का बेटा होने के कारण उसे गाय-भैंसों को खेतों में चराने के लिए जाना पड़ता। कभी तेज धूप तो कभी मूसलाधार बारिश से उसे बड़ी परेशानी होती। ज्यों ही वह युवक हुआ तो उसके बूढ़े पिता ने कहा, "बेटा अब तो मैं बूढ़ा

हो चला। खेत जोतना मेरे वश की बात नहीं रही। इसलिए अब तुम्हें ही हल चलाना पड़ेगा। चलो तुम्हें हल चलाना सिखा देता हूं।"

शुरू-शुरू में तो उसे हल चलाना अच्छा लगा लेकिन जब उसे गर्मी की तेज धूप एवं हवा में तथा बरसात की मूसलाधार वर्षा और कीचड़ में खेत जोतना पड़ा तो उसे इस जिंदगी से भी विरक्ति

होने लगी। इसके ऊपर उसे अपने माता-पिता से भी कई किस्म के ताने सुनने पड़ते। बच्चे हमेशा कुछ न कुछ मांग ही लिया करते, जिससे वह अशांत रहने लगा। उसे यह जीवन भी नीरस लगने लगा और छिपकली की जिंदगी उसे सबसे अच्छी महसूस होने लगी। वह सोचने लगा, "छिपकली की जिंदगी से अच्छी और कोई जिंदगी नहीं। जब चाहो धूप सेंको, जब चाहो किसी कोने में छिप जाओ और कीड़े-मकोड़े खाकर मस्त हो जाओ।" न तो किसी से उलाहना सुनना पड़े, न ही उनकी मर्जी के मुताबिक खाने को मिले।

उसके मन में जब यह बात आई तो उसने एक दिन साधु से फिर अपने मन की बात कही और उसे फिर से छिपकली की जिन्दगी वापस करने के लिए विनती की।

दयालु साधु ने कलश से पानी गिराते हुए उसके शरीर पर छिड़का और कहा, "कामचोर जीव ही छिपकली की जिंदगी पाते हैं, तुम इसी लायक हो। लो तुम्हारी यह इच्छा भी पूरी हो। तथास्तु।"

26

सेठ जी की बारात

किसी शहर में एक धनी सेठ रहता था। एक दिन वह अपने लड़के के लिए दुल्हन की तलाश में निकला। वह चाहता था कि उसकी होने वाली बहू अच्छे कुल की हो साथ ही सुंदर, विनम्र और पढ़ी-लिखी हो। ऐसी लड़की की तलाश में घूमते हुए वह एक बड़े शहर में जा पहुंचा। वहां के सेठ की लड़की की उम्र शादी लायक होने की खबर पाकर वह उसके घर जा पहुंचा। वहां जाकर उसने सेठ को अपना परिचय देते हुए उसके घर आने का कारण बताया। मेजबान सेठ ने कहा, "हम तो एक जाति के हुए आपस में शादी-ब्याह भी हो सकता है। मेरी बिटिया सुशील, सुंदर और पढ़ी-लिखी है। आप चाहे तो बेटी को देख ले। लेकिन आपका लड़का कहां है? हम भी एक बार देख लेते तो अच्छा रहता।"

मेहमान सेठ ने कहा, "मेरी गैर-हाजिरी में वह व्यापार की देखभाल कर रहा है। चलते समय आपकी लड़की के संबंध में कोई जानकारी नहीं थी इसलिए उसको लेकर नहीं आया। अगर किसी को भेजने की व्यवस्था हो तो लड़के को बुला लेते हैं। वह आ जाएगा।"

आप पता दे दीजिए। हम अपने एक कर्मचारी को भेज देते हैं। यहां से नजदीक ही एक तीर्थ-स्थल है, आप चाहें तो वहां घूम आएं तब तक आपका लड़का भी आ जाएगा। अगर दोनों को रिश्ता पसंद

आ जाए तो शादी की रस्मे पूरी करने में देरी नहीं होगी। मेजबान सेठ ने कहा।

"यह तो अच्छी बात है। मैं भी इस शुभ कार्य से पहले तीर्थ-स्थल घूमने जाना चाहूंगा।" मेहमान सेठ ने कहा।

दूसरे दिन मेहमान सेठ नहा-धोकर तीर्थधाम की ओर चल पड़ा। इसके बाद मेजबान सेठ ने अपने एक कर्मचारी को सेठ के घर भेज दिया, जहां उसका बेटा व्यापार की देखभाल कर रहा था।

मेहमान सेठ चलता-चलता ऐसी जगह पहुंचा जहां नदी बह रही थी। नदी किनारे एक आदमी नदी की ओर मुंह करके बैठा था। सेठ ने पूछा, ओ भैया यहां कोई मांझी है, मुझे नदी पार करनी है। उस आदमी ने सेठ की ओर देखा। उसके बिखरे बाल और लंबी दाढ़ी मूंछ देखकर सेठ का शरीर सिहर उठा। उस व्यक्ति ने सेठ को हाथ से इशारा करते हुए रुकने को कहा और नदी के पानी को मुंह से सोखकर कहा, जाइए नदी पार करिए।

सेठ ने उसे धन्यवाद देते हुए नदी तो पार कर ली, लेकिन उसके इस काम पर अचरज करते हुए सोचने लगा, "पूरी नदी को सोख लेने वाला आदमी कौन हो सकता है? इसी बात को सोचकर चलते हुए उसे तीर्थधाम आ जाने का भी ध्यान नहीं रहा। जब उसने घंटे की आवाज सुनी तो उसे तीर्थधाम आ जाने का अनुभव हुआ। कुछ देर विश्राम करने के बाद उसने तालाब में हाथ पैर धोए और मंदिर में जाकर देवता के दर्शन किए।

मंदिर से बाहर निकलकर उसे जलपान की इच्छा हुई। लेकिन कुछ ही दूरी पर लोगों की भीड़ देखकर सेठ जी वहां पहुंच गए। वहां तमाशे को देखकर उनकी आंखें आश्चर्य से खुली रह गई। वास्तव में कोई भक्त वहां गरीबों को खाना खिला रहा था। पूरी हो या सब्जी थाली में जो कुछ भी पड़े एक भूखा आदमी उसे एक कौर में ही गटक जाता और खाने की वस्तु तुरंत मांग बैठता।

भोजन परोसने वाली सारी वस्तुएं समाप्त होने पर भी जब भक्त उस भूखे गरीब की भूख नहीं मिटा पाया तो उसने दोनों हाथ जोड़कर उससे माफी मांगी और भविष्य में पेट भर भोजन कराने का वायदा करते हुए उससे छुट्टी पाई। भोजन करने बैठे कई लोग तो उसके पेटूपन के कारण पेट भर खा भी नहीं पाए। पेटूमल ने पेट पर हाथ

मलते हुए कहा, ठीक है सेठ अगली बार अच्छी तैयारी करके आना, मुझे पेटभर खिलाने के लिए लगभग सौ आदमियों के भोजन के बराबर भोजन चाहिए।

अच्छा भाई कहते हुए उसने पेटूमल से छुट्टी ली। इस सारे नजारे को देखने के बाद तो सेठ की भूख मिट गई। उसे यह जगह अजीब

सी लगी। अब शहर लौटने के लिए, वह दूसरी राह पर चल पड़ा। लेकिन उस राह पर पहाड़ पड़ता था। चलो पहाड़ी रास्ते में गर्मी तो नहीं सताएगी। यह सोचकर उसने पहाड़ी रास्ते की पगडंडी पकड़ी। लेकिन यहां भी उसे एक अजीब बात देखने को मिली। पगडंडी बांस के एक जंगल के पास से गुजरती थी। इसी जंगल के कोने में बैठकर एक आदमी एक टोकरी बुन रहा था। इतनी बड़ी और गहरी टोकरी को बुनता हुआ देख मेहमान सेठ ने उससे पूछा, "क्या बात है भाई, इतनी बड़ी टोकरी किस बात के लिए बुन रहे हो? आकार तो डोको के समान है, लेकिन बन रहा है बखार के समान। किसे चाहिए इतनी बड़ी और गहरी टोकरी?"

डोको बुनने वाला आदमी कहने लगा, मैं एक कुली हूं। इसमें इतना माल भरना चाहता हूं जो दो-चार बैलगाड़ियों में लादकर ढोया जा सके। तुम्हें कभी ऐसे कुली की जरूरत हो तो मुझे याद करना। खबर मिलते ही मैं पहुंच जाऊंगा।

सेठ को यह इलाका बहुत अजीब सा लगा। उसने अपने चलने की गति तेज की और शाम होते-होते वह मेजबान के घर पहुंच गया। तब तक उसका लड़का भी वहां पहुंच गया था। बाप-बेटे दोनों में बात हुई। हाथ-मुंह धोने के बाद मेहमान सेठ ने अपने मेजबान से कहा, "हां तो सेठ जी अब शुभ काम में देर कैसी। बेटा भी आ गया है। जल्दी बातें तय हो जाए। हमें भी लौटकर अपना काम धंधा देखने का समय मिलेगा।"

जरूर सेठ जी हमें आपका लड़का सुंदर, सुशील योग्य और हंसमुख लगा। हम भी देर नहीं करना चाहेंगे। तब मेजबान सेठ ने अपने एक नौकर से कहा, जाओ सेठानी से कहो बिटिया के हाथों चाय, मिठाई और नमकीन अंदर कमरे में भिजवा दें।

इसके बाद वह मेहमानों को अंदर बैठक में ले गया। कुछ समय बाद सेठ की बेटी एक बड़ी तश्तरी में चाय, मिठाई और नमकीन लेकर आई। मिठाई आदि का स्वाद और चाय की चुस्कियां लेते हुए मेहमान सेठ ने कहा, "अच्छा तो सेठ जी अब हमें आज्ञा दें। हम लड़की की तलाश में निकले थे और अब हमें मनमाफिक लड़की मिल गई। आप भी रईस व्यापारी हैं। एक समान परिवार से रिश्ता जोड़ने में कोई परेशानी नहीं होनी चाहिए। अब आप हमें अपनी राय बताएं।"

मेजबान सेठ ने कहा, "यह तो मेरा और मेरी बेटी का सौभाग्य है कि हमें घर बैठे ही सुयोग्य वर मिल गया। मुझे कोई दौड़ धूप नहीं करनी पड़ी। हमें आपके बेटे का रिश्ता मंजूर है।"

धन्यवाद सेठ जी आपकी बातों से मेरी यात्रा सफल हो गई। अब बताएं कितने लोगों की बारात लेकर आए? जितनी आपकी मर्जी हो मेजबान सेठ ने कहा। लेकिन खान-पान और स्वागत सत्कार में कोई कमी नहीं होनी चाहिए। यह मेरा इकलौता बेटा है। किसी को उंगली उठाने का मौका नहीं मिलना चाहिए। चिंता न करें सेठ जी

मेरी भी यह इकलौती बेटी है। आप भी ध्यान रखें कि बनाया गया भोजन, पकवान आदि बर्बाद न हो। अन्न को मैं देवी अन्नपूर्णा के समान मानता हूं और इसे फेंकना देवी का अपमान समझता हूं। पानी, चाय, शरबत आदि की भी कोई कमी नहीं होगी। लेन-देन में आपको शिकायत का कोई मौका नहीं मिलेगा। कन्यादान में दी गई वस्तुएं हम अपने घर में नहीं रखते। उन्हें भी शादी के बाद उठा ले जाने की व्यवस्था करिएगा। चिंता न करें, मैं भी आपको शिकायत का मौका नहीं दूंगा, सेठ जी। अब इजाजत दें, ज्योतिषी से विवाह का मुहूर्त निकलवाकर भिजवा दीजिएगा। हम इंतजार करेंगे। सेठ ने कहा। ठीक है मेजबान सेठ ने कहा। फिर बाप-बेटे को शगुन का टीका लगाकर विदा कर दिया।

समय निकलता गया। सेठ ने बेटी की शादी का मुहूर्त निकलवा कर भेज दिया। उधर लड़के के पिता को लड़की के पिता की बातें याद आने लगी, "आप सौ आदमियों की बारात लाएं या हजार की व्यवस्था पूरी होगी। लेकिन भोजन, चाय, शरबत आदि बर्बाद न होने पाए।" वह सोचने लगा, "कुछ लोग खाने-पीने के मामले में बहुत ना-नुकर किया करते हैं यदि भोजन बर्बाद होने की नौबत आई तो लड़की का पिता भड़क सकता है। बारात बड़ी होने से यदि खाने की वस्तुएं कम हो गई तो हमारी बदनामी होगी और यदि फेंकने की नौबत आई तो सेठ की नाराजगी झेलनी होगी। इन सब बातों को सोचते हुए उसे तीर्थधाम के उस पेटू की याद आई जिसे बारात में शामिल करने पर भोजन बर्बाद होने की संभावना नहीं थी। इसके साथ ही सेठ को उस सोखू और कुली की याद आई, जिन्होंने पूरी नदी का पानी चूस लिया था और भार ढोने के लिए डोको बुन रखी थी। उसे लगा इन्हें बारात में शामिल कर लेने पर सारी समस्याएं सुलझ जाएगी। यह

फैसला करने पर उसने अपनी बारात में उन तीनों को भी शामिल करने की सोच ली। सेठ अपने बेटे को दो चार दोस्तों को लेकर चलने को कहते हुए खुद उन तीनों को न्योता देने चल पड़ा।

शादी के दिन बारात सेठ के शहर में पहुंची। बारात को ठहराने के लिए एक विशाल धर्मशाला की व्यवस्था की गई थी। लेकिन

बारात में छह-सात लोगों को देखकर लड़की के पिता का सिर ठनका और कुछ रूखे स्वर में लड़के के पिता से पूछा, यह कैसा मजाक है सेठ जी? हमने तो बहुत सारे बारातियों का इंतजाम कर रखा है लेकिन आप हैं कि छह-सात लोगों को ही लेकर आए हैं।

लड़के के पिता ने कहा, "आप चिंता न करें सेठ जी आपकी जो भी व्यवस्था है उसके साथ अन्याय नहीं होगा।"

"क्या मतलब ये छह-सात लोग इतनी सारी वस्तुएं खा-पी लेंगे?" लड़की के पिता ने पूछा।

"मैंने कहा न, आप चिंता न करें। हां बरातियों के स्वागत सत्कार में देर न करें।" लड़के के पिता ने कहा।

लड़की के पिता ने अपने नौकरों को पानी, चाय, शरबत आदि से बारातियों का स्वागत करने का आदेश दिया। बारातियों को पानी, चाय आदि पेश किया जाने लगा। गिलास से पानी पीते हुए सोखू को लग रहा था मानो वह चम्मच से पानी पी रहा है उसने शरबत लाने वाले से कहा, ओ भाई मुझे गिलास में नहीं घड़े में शरबत दो। उसके सामने बाल्टी में शरबत रखा गया। बाल्टी में शरबत पीते हुए जब उसे तृप्ति नहीं मिली तो उसने वहीं ले चलने का कहा जहां शरबत तैयार हो रहा था। चार-पांच पीपे शरबत पीने के बाद उसने कहा, अब जरा चाय पीते हैं। उसकी बातें सुनकर नौकरों को हैरानी होने लगी। फिर भी उसे एक बरतन में चाय पेश की गई। चूंकि चाय गरम थी इसलिए वह धीरे-धीरे चाय पीने लगा। इधर नौकरों को पीपे में पानी भरने का मौका मिला।

पानी, चाय, शरबत पीने के बाद बारातियों को भोजन करने बैठाया गया। पत्तों में भोजन परोसा जा रहा था। लेकिन पेटूमल के

पत्ते में पूरी हो या सब्जी जो भी पड़े वह तत्काल ही गटक जाता। दूसरों की बारी आने से पहले ही वह चिल्ला उठता, "ओ भाई और पूरियां चाहिए।"

सेठ ने हाथ जोड़ते हुए कहा, "भगवान् आटा गूंथा जा रहा है।"

"तो तब तक लड्डू पेड़ा हो जाए।"

"हलवाई बेसन घोल रहा है।"

"और आलू-मटर का अचार।"

"आलू उबल रहा है।"

"तो ठीक है जब तक पकवान बनते हैं मैं एक नींद पूरी कर लूं। खाना बन जाने पर मुझे जगा दीजिएगा।" कहते हुए पेटूमल वहीं लेट गया।

पेटूमल के सो जाने पर लड़की के पिता ने चैन की सांस ली और बारातियों से कहा "कन्यादान में देरी हो रही है। आप लोग जल्दी खा-पी लें।

बारातियों ने खाना खा लिया था। वे तो बैठे-बैठे पेटूमल का तमाशा देख रहे थे। सभी हाथ-मुंह धोकर मंडप की ओर चल पड़े, जहां विवाह की रस्म होनी थी। रस्म पूरी हो जाने पर दूल्हा-दुल्हन की विदाई की तैयारी होने लगी। दुल्हन को दहेज में मिली वस्तुएं डोको में डाली जाने लगी। सारी वस्तुएं रखी जाने के बाद भी विशाल डोको आधा खाली ही रह गया।

लड़की के पिता ने अपने समधी के पैर पकड़ते हुए कहा, मुझे अपनी रईसी पर बड़ा ही घमंड था सेठ जी, लेकिन आपके बरातियों ने मेरा सारा घमंड चकना चूर कर दिया। अब इस पेटू को संभालने

का काम आपका है। कृपा मेरी इज्जत बचाएं। मैं अपने अहंकार के लिए शर्मिंदा हूं और क्षमा चाहता हूं।

लड़के के पिता ने कहा, आप भोजन तैयार करवाइए मैं इसे संभाल लूंगा। आप चिंता न करें। मुझे आपसे कोई शिकायत नहीं है।

पेटूमल को जगाकर भोजन करवाया गया। उसने दो बोरे आटे की पूरी, एक बोरी आलू की सब्जी और एक टोकरी लड्डू खाने के बाद

जोर की डकार ली और पेट पर हाथ फेरते हुए कहने लगा, "आज के लिए लगता है पूरा हो गया। बचा हुआ शाम को खा लेंगे।" लड़के के पिता ने कहा अब हमारे चलने का समय हो गया। शाम का भोजन रास्ते में करेंगे। इतना कहते हुए पेटूमल को चलने के लिए तैयार किया गया।

बीच राह में पहुंचने पर लड़के के पिता ने पेटूमल को दो टोकरी मिठाई देते हुए कहा, "लो भाई शाम को खा लेना। मैं फिर तुम्हें बुलाने आऊंगा।" ठीक है सेठ जी, कई सालों बाद पेट भर भोजन पाया। मैं आपकी राह देखूंगा। मिठाई की टोकरी हाथ में लेते हुए पेटूमल ने कहा।

अपने शहर में पहुंचकर सेठ ने कुली को बिस्तर, रजाई और कुछ अच्छे कपड़े देते हुए कहा, "यह लो भाई तुम भी उपहार लो।" मिठाई की टोकरी अपने बच्चों में बांट देना। सारी वस्तुएं निकालने के बाद डोको में उपहार की वस्तुएं रखते हुए कुली खुशी से नाच उठा और सेठ को सलाम करते हुए अपने घर की तरफ चल पड़ा।

इधर घर पहुंचने पर सेठ का बेटा सुंदर पत्नी पाकर खुश हो रहा था तो सेठ के बेटे की शादी ठीक से संपन्न होने और समधी का घमंड तोड़ने में सफल होकर सेठ भी खुश था।

27

धर्म

एक बूढ़ा किसान था। उसके दो लड़के थे। बड़े की शादी हो चुकी थी दूसरा छोटा था, इसलिए वह कुंवारा ही था। एक दिन किसान ने अपने दोनों बेटों को बुलाकर कहा, "तुम लोग जानते ही हो, बहुत दिनों से मेरी तबियत ठीक नहीं चल रही है।

छोटे की भी शादी हो जाती तो मैं चैन से मर सकता। बरसात के इस मौसम में लड़की देखने जाए तो कहां? नदियों में बाढ़ आई हुई है। अगल-बगल के गांवों में अच्छी पढ़ी-लिखी मनभाती लड़की नहीं है। इसलिए बड़े, यदि मुझे कुछ हो जाता है तो छोटे की शादी तुम्हारी जिम्मेदारी है। अपनी जिम्मेदारी से चूकना मत। लेकिन लड़की जैसा मैंने कहा सुशील, पढ़ी लिखी और अच्छे घराने की हो।

बड़े बेटे ने अपने पिता को चिंता न करने का आश्वासन दिया। कुछ दिनों के बाद किसान की मौत हो गई। दोनों भाईयों में बहुत प्यार था लेकिन स्वभाव में जमीन आसमान का अंतर था। बड़ा भाई मेहनती और कंजूस स्वभाव का था। छोटा भाई उदार, दानी और मौज-मस्ती करने वाला था।

पिता की मृत्यु के बाद बड़े भाई ने यह सोचकर सारी जिम्मेदारी अपने ऊपर ले ली कि भाई अभी छोटा ही है। वह दिन भर खेतों में या किसी काम के सिलसिले में बाहर ही रहता, लेकिन छोटा भाई मौज-मस्ती में लगा रहता। भाभी देवर को कहने में कुछ संकोच करती। इससे छोटू उद्दंड होता चला गया। वह अपनी मनमानी किया करता। गरीबों की दुःख तकलीफ उससे देखी नहीं जाती। भूखे नंगों को वह कभी घर से खाली हाथ नहीं लौटाता।

उसकी इन आदतों से भाभी परेशान होने लगी। वह धीरे-धीरे अपने पति से देवर की शिकायत करने लगी। एक दिन परेशान होकर बड़े भाई ने अपने भाई से कहा, "देख छोटू! तेरी शरारतें बहुत बढ़ती जा रही हैं। तू बिना लगाम के घोड़े की तरह हरकत करता जा रहा है। इस साल की उपज तो तूने दान देकर खत्म कर डाली। तुम्हारी ऐसी ही हरकत रही तो हमें कंगाल होने में अधिक समय नहीं लगेगा। अगर तुझे घर में रहना है तो काम करो। खेत जोतने चलो नहीं तो घर का दरवाजा खुला है जहां दिल करता है चले जाओ। तुम्हारे हिस्से की कोई जायदाद भी अब नहीं रही, क्योंकि तुम्हारे हिस्से की जमीन बेचकर ही अब हमें गुजारा करने की नौबत आ पहुंची है।

भैया के मुंह से ऐसी बातें सुनकर छोटू को सदमा पहुंचा। वह सोचने लगा हम एक साथ पले-बढ़े, खेलते कूदते रहे। एक ही थाली में खाते रहे। आज भैया मुझे दूध की मक्खी की तरह घर से दूर कर

रहा है। उसे पिताजी की बातों का भी ध्यान नहीं रहा। अपमान का घूंट पीकर जीने से तो अच्छा है मैं घर छोड़कर ही चला जाऊं। न मेरे पास कुछ होगा और न किसी को कुछ देने की भावना भी जागेगी।

इतना सोचकर वह उठा, अपने कंधे पर एक कंबल डाला और भैया-भाभी के चरण छूकर घर से निकल पड़ा। भाई को एकाएक इस तरह निकलते देख बड़ा भाई चौंक उठा था कि उसने सोचा भी न था कि छोटू ऐसा कदम उठाएगा। उसने तो उसे राह पर लाने की नीयत से ऐसी कठोर बातें कही थी।

वह छोटू को चाहकर भी न रोक सका क्योंकि उसे डर था कि ऐसा करने पर उसकी शरारत और बढ़ जाएगी। पति को समझाते हुए पत्नी कहने लगी, आप चिंता मत करो आपकी इन बातों से देवर की आंखें खुल सकती है कल जब भूख और ठोकर लगेगी, तब वे खुद लौट आएंगे।

लेकिन छोटू के दिल को गहरी चोट पहुंची। उसे इस बात का ध्यान ही नहीं रहा कि वह किस ओर जा रहा है। वह अपनी ही धुन में आगे बढ़ता जा रहा था। जब तेज धूप सताने लगी तो वह एक पेड़ के नीचे बैठ गया। पास ही एक नदी बह रही थी। उसने इधर-उधर नजर दौड़ाई तो उसे नदी के पार कुछ घर दिखाई दिए।

नदी के जल से हाथ मुंह धोकर उसने प्यास बुझाई। उसे भूख भी लग रही थी। लेकिन कुछ खरीदने के लिए उसके पास पैसे नहीं थे। अब उसे चिंता लगने लगी, “मुझे उधार या मुफ्त में खाना कौन देगा?” तभी उसने कुछ युवतियों को ठिठोली करते हुए नदी की ओर आते देखा। वह पेड़ की ओट में सोने का स्वांग करते हुए लेट गया। उन युवतियों में एक युवती बहुत ही सुंदर थी। उसके कपड़े और गहने उसकी सुंदरता को और निखार रहे थे। नदी तट पर आकर वे

लड़कियां नहाने के लिए नदी में उतरी। किनारे पर रखे उनके कपड़े धूप में चमक रहे थे।

नदी की धारा तेज बह रही थी। उन्होंने कपड़े बदले और हंसती बातें करती हुई अपने घरों की ओर चलने लगी। 'अभी आई' कहती हुई वह सुंदर लड़की नदी की ओर जाने लगी। पानी की तेज धार तट से टकराकर बार-बार लौट रही थी। तभी नदी से छपाक की आवाज आई, जैसे कोई नदी में कूद पड़ा हो।

सभी की नजर उस ओर दौड़ी। छोटू सारा दृश्य देख रहा था। वह नदी की ओर दौड़ा। लड़कियां भी चिल्लाने लगी, "दौड़ो बचाओ-बचाओ इसे बचाओ। छोटू नदी में छलांग लगा चुका था। उसने नदी की तेज धारा में बहती हुई सुंदरी को पकड़ा और खींचकर बाहर ले आया। बाहर लाकर उसने उसे जमीन पर लिटाया और उसकी पीठ एवं कमर को जोर से दबाने लगा। जैसे-जैसे वह उसकी कमर दबाता, लड़की के मुंह से अंदर का पानी बाहर निकलता।

लड़कियां हैरान होकर सारा दृश्य देख रही थी। लड़कियों के शोर से खेतों में काम करने वाले और गांव वाले भी वहां पहुंच गए। कुछ लोगों ने तो लड़के को शाबाशी दी तो कुछ ने नदी के तट पर बैठकर युवतियों को घूरने पर उसकी आलोचना करने लगे। तब तक लड़की को होश आ चुका था। वह भी युवक की नीयत पर उंगली उठाने लगी और उसके द्वारा शरीर को स्पर्श किए जाने पर दोष व्यक्त करने लगी।

जितने लोग थे उतनी बातें होने लगी। कुछ लोग उसे राजा के पास ले जाने की बातें करने लगे, ताकि वही इस बात का फैसला कर सके कि छोटू की कार्यवाही ठीक है या गलत।

उसे राजा के पास ले जाया गया। राजा युवती की हालत और कार्यवाही से परेशान था। महल में भी लोग मुंह छुपाकर बातें करने लगे। राजा ने युवक से सारी बातें साफ-साफ बताने को कहा। छोटू ने सारी बातें विस्तार से बताई। युवती की सहेलियों ने छोटू की बातों पर सहमति जताई। लेकिन युवती थी कि छोटू के लिए अनाप शनाप बोले जा रही थी।

राजा भी असमंजस में पड़ गया। उसने मंत्री की ओर देखा। मंत्री भी युवक से सवाल पूछने लगा। छोटू ने सफाई देते हुए कहा,

"सरकार जब इस लड़की ने नदी में छलांग लगाई और लड़कियों ने इसे बचाने के लिए शोर मचाया तभी मैंने नदी में छलांग लगाई। हुजूर मेरी नीयत में कोई खोट नहीं है, डूबते हुए व्यक्ति को बचाना कोई पाप नहीं है, यदि पाप है तो सरकार मैं कोई भी सजा सहने को तैयार हूं। लेकिन सरकार सजा सुनाने से पहले यह बता दें कि इसके शरीर को छूए बिना मैं इसे नदी से बाहर कैसे लाता और इसके पेट के अंदर के पानी को बाहर कैसे निकलाता?"

युवक की सफाई और प्रश्न से राजा भी संकट में आ गए। उन्होंने मंत्री से राय मांगी। मंत्री भी गंभीर हो उठा। उसने राजा से कहा, "सरकार नाराज न हो तो एक निवेदन करूं?"

"कहिए न मंत्री जी।" चिन्तित राजा ने कहा।

"सरकार! नदी में डूबते हुए किसी भी व्यक्ति को चाहे वह स्त्री हो या पुरुष, बचाते और बाहर खींचते हुए शरीर को छूना तो पड़ता ही है। इसलिए युवक के इस कार्य में हमें कोई दोष नहीं नजर आता। इसके विपरीत इसे इसकी वीरता, साहस और दयालु स्वभाव का परिचय मिलता है। दोष है तो इस युवती की नीयत में है जो आत्महत्या की नीयत से नदी की ओर गई और छलांग लगा दी और अपने बचाने वाले व्यक्ति के ऊपर ही दोष लगा रही है। सरकार हमें इस युवती को ही सजा देनी चाहिए, क्योंकि यह आत्महत्या करने जा रही थी।

युवक की सफाई और मंत्री की सलाह सुनने के बाद राजा ने गंभीर होते हुए अपना फैसला सुनाया, "यह युवक निर्दोष है, खोट है तो इस लड़की में है जो अपनी जान बचाने वाले युवक की नीयत में दोष देख रही है। इसने आत्महत्या की कोशिश करते हुए पाप ही नहीं किया बल्कि हमारी नाक कटाने का काम भी किया है अतः इसे दस दिन तक अस्तबल में रखने की सजा दी जाती है।"

राजा के इस फैसले से रानी परेशान हो उठी, क्योंकि वह युवती कोई और नहीं बल्कि स्वयं राजा की पुत्री थी। रानी सोचने लगी "सुख-सुविधा में पली उनकी बेटी अस्तबल की गंध और उमस-भरे कमरे में कैसे रह सकती है। इस बात से घबराकर रानी ने राजा से अपने फैसले पर फिर से विचार करने को कहा। सरकार इसे एक बार माफ कर दें, इसके बदले हम इसकी शादी उस गरीब ब्राहम्ण युवक से करा दें जिसे यह चाहती है और शादी करना चाहती थी, जो हमें मंजूर नहीं था। उस लड़के से शादी कर यह हमारी नजरों से भी दूर हो जाएगी और गरीबी में दिन बिताने पर इसे अपने कर्मों का फल भी मिल जाएगा। इसके लिए मेरी नजरों में यही उपयुक्त सजा है।"

रानी की बातों को सुनकर राजा ने मंत्री की ओर देखा और राय मांगी। मंत्री ने कहा, "आवेश में आकर किए गए फैसले पर फिर से विचार किया जा सकता है महाराज।" राजा ने अपने पहले के फैसले पर फिर से विचार करते हुए रानी ने जैसा चाहा था वैसा ही फैसला सुना डाला।

राजा की इस घोषणा के बाद एक दिन राजकुमारी की शादी उसी गरीब ब्राहम्ण से करा दी गई जिसे वह चाहती थी। उसे शादी के बाद महल से निकाल दिया गया। इधर युवक को उसकी सूझबूझ, साहस और वीरता के लिए महल में नौकरी दे दी गई। राजा के फैसले से जहां रानी को राहत मिली, वहीं युवती को अपने प्रेमी को पति के रूप में पाने की खुशी मिली और छोटू को राजमहल में मिली नौकरी से जीविका का साधन मिल गया।

28

रोटी और मुर्गी

धनुषा जिले के एक गांव में एक भूमिहीन किसान रहता था। वह बहुत गरीब था। इतना गरीब था कि कभी-कभी उसे भूखे ही सो जाना पड़ता था। उसकी पत्नी हमेशा उसे ढांढस बांधती, "कभी तो अच्छे दिन लौटेंगे। अभी तो हमारे शरीर में शक्ति है।" पत्नी की इन बातों से किसान का हौसला बना रहता।

उनके पास एक गाय थी। गरीबी के कारण वे गाय को अच्छी खुराक भी नहीं दे पाते थे। जिससे गाय अधिक दूध नहीं देती थी।

जो भी दूध मिलता उसे कभी बेचते, तो कभी पीकर ही अपनी भूख मिटाते।

खेती का मौसम आने पर दोनों काम पर निकल पड़ते। इस मौसम के निकल जाने पर दोनों जंगल को जाते सूखी लकड़ियां और टहनी बीनकर लाते, उन्हें बेचते और उनसे मिले पैसों से अपना गुजारा करते। कभी चावल–दाल तो कभी आलू खाकर सो जाते।

कुछ समय बाद गाय ने एक बछिया को जन्म दिया। किसान की पत्नी ने सोचा, "दुधारू गाय को खरीदने वाले लोग मिल जाते हैं क्यों ने इसे बेचकर मिले रुपयों से कोई धंधा शुरू किया जाए।"

उसने अपने मन की बात पति को बताई। किसान गाय बेचने को राजी हो गया।

सुबह-सुबह एक पोटली में थोड़ा चिड़वा बांधकर वह निकल पड़ा। घर से निकलते समय किसान की पत्नी ने गाय के कान में फुसफुसाते हुए कहा, "हमें माफ कर देना गाय मैया। ईश्वर ने हमें गरीब नहीं बनाया होता तो हम तुम्हें बेचने का पाप कभी नहीं करते। उसके गालों पर गिरे आंसुओं को गाय चाटने लगी।" किसान से पत्नी की हालत नहीं देखी गई। वह जल्दी से गाय को लेकर निकल पड़ा।

चलते-चलते धूप तेज होने लगी। खाली पेट होने और तेज धूप के कारण वह थकान महसूस करने लगा। एक बहती नदी को देखकर उसने सोचा, चलो नाश्ता कर लेते हैं। पीने के लिए पानी भी है और वह साथ लाया हुआ चिड़वा चबाने लगा। तभी उसका ध्यान घोड़े की टाप से भंग हुआ। एक घुड़सवार सामने खड़ा था। उसने पूछा, "गाय बेचने जा रहे हो क्या?" किसान ने सिर हिलाया। घुड़सवार को गाय अच्छी लगी साथ ही उसकी बछिया भी थी। उसने कहा, "भैया, मेरे पास रुपए तो नहीं हैं, हां अगर मेरे घोड़े के साथ बदलना चाहो तो मैं तैयार हूं, तुम घोड़ा ले लो, मुझे गाय दे दो।"

घुड़सवार की बातों को सुनकर किसान सोचने लगा, "यदि आज गाय नहीं बिक पाई तो मैं घर नहीं लौट सकूंगा और घर न लौट पाने पर पत्नी चिन्ता करेगी। घोड़ा लेता हूं तो घर लौटने में भी देरी नहीं होगी। घोड़े पर बैठकर जंगल से लकड़ियां आदि लाने में भी आसानी होगी।"

क्या सोच रहे हो भाई? घुड़सवार ने प्रश्न किया। किसान ने सहमति जताई। सौदा तय हुआ, फिर वह घोड़े पर बैठकर घर की ओर चल पड़ा।

वह कुछ दूर ही पहुंचा की उसने रास्ते में भेड़ के एक झुंड को आते देखा। सोचने लगा, "घोड़े से अच्छी तो भेड़ होगी। दूध भी मिलेगा और ऊन भी। उसे खिलाने की समस्या भी नहीं होगी।"

उसने अपने मन की बात गड़रिये को बताई। गड़रिया उसकी बात सुनकर खुशी से उछल पड़ा। उसने फौरन एक भेड़ किसान को दे दी और घोड़ा लेकर उस पर बैठ गया।

अब किसान भेड़ को लेकर पैदल चलने लगा। उसे बार-बार अपनी पत्नी की याद आ रही थी। रास्ते में उसने इस बार दो मुर्गियों

के साथ एक आदमी को आते देखा। किसान ने पूछा, "कहां जा रहे हो भाई, इन मुर्गियों को लेकर?"

उसने कहा, "बेचने।" किसान सोचने लगा, "मुर्गी" तो भेड़ से भी अच्छी रहेगी। हम पति-पत्नी को खाने को अंडे तो मिलेंगे। सब्जी की समस्या भी दूर हो जाएगी। शरीर को ताकत भी मिलेगी।

उसने पूछा, क्यों भाई, मेरी इस भेड़ से तुम मुर्गी को बदलना पसंद करोगे? मुर्गी वाला धूर्त था। उसने कहा एक शर्त पर अगर एक मुर्गी लोगे तब। किसान भेड़ के बदले एक मुर्गी लेने को तैयार हो गया। दोनों में सौदा तय हुआ। किसान मुर्गी को लेकर घर की ओर बढ़ने लगा। दिन ढलता जा रहा था। किसान को घर पहुंचने की जल्दी हो रही थी। भूख के मारे उसके पेट में चूहे दौड़ रहे थे। वह जल्दी-जल्दी चलने की कोशिश करने लगा। तभी रास्ते में एक ढाबे पर रोटियां बन रही थी। साथ ही दाल की खुशबू से किसान के मुंह में पानी आने लगा। भूख बढ़ती गई और उसका पैर ढाबे की ओर बढ़ने लगा। उसने अपने सामने ढाबे के मालिक रामू को पाया। कहने लगा, "मुझे बड़ी भूख लगी है। मैं रोटी खाना चाहता हूं। लेकिन मेरे पास पैसे नहीं है। आप यह मुर्गी रख लें और मुझे भरपेट खाने को रोटी सब्जी दे दें।"

रामू सोचने लगा, यह आदमी या तो पागल है या चोर। उसने पूछा, "क्या यह मुर्गी तुमने चोरी की है?"

किसान ने कहा, "नहीं तो मैंने उस आदमी से बदला है जो मेरी भेड़ लेकर गया है। मेरी बातों पर भरोसा न हो तो उसे बुलाकर पूछ लीजिए।"

ढाबे के मालिक को विश्वास हो गया कि उसने मुर्गी चोरी नहीं की है। फिर उसने पूछा तुमने भेड़ के साथ मुर्गी बदलने का सस्ता

सौदा क्यों किया? किसान ने उसे पूरी कथा बताई। यह सुनकर रामू बोला, मुझे तुझ पर तरस भी आ रहा है। आज तेरी खैर नहीं। तेरी पत्नी तेरी बातों को सुनकर तुझे घर में घुसने नहीं देगी।

किसान कहने लगा, "आप मेरी पत्नी को नहीं जानते वह अनपढ़ है लेकिन है बहुत समझदार। मेरे इस सौदे पर भी वह नाराज नहीं होगी।"

रामू ने पूछा, "शर्त लगाओगे?"

किसान ने पूछा, "शर्त क्या होगी?"

रामू बोला तुम्हीं बताओ। किसान गरीब था। उसने कहा अगर मैं हार गया तो तुरंत ही खाली हाथ वापस लौट जाऊंगा। जिंदगी भर आपकी नौकरी करूंगा। लेकिन आप शर्त हार गए तो।

उसकी बात सुनकर रामू बोला, अगर मैं शर्त हार गया तो तुम्हें गाय, घोड़े, भेड़ और मुर्गी की पूरी कीमत दूंगा।

किसान भूख के मारे बेचैन हो रहा था। उसने कहा, "मुझे शर्त मंजूर है सेठ जी। लो इस मुर्गी को पकड़ो और मुझे खाने के लिए रोटी दे दो। किसान जब रोटी खाने लगा तो रामू ने कहा "भाई मैं भी तेरे साथ चलूंगा। क्योंकि मुझे तेरी पत्नी के धैर्य की भी परीक्षा लेनी है।"

किसान ढाबे के मालिक को लेकर घर पहुंचा। तब तक अंधेरा हो चुका था। किसान पत्नी को आवाज देते हुए अंदर घुस गया। रामू बाहर खड़ा होकर उनकी बात सुनने लगा। किसान को कमरे में आते देख उसकी पत्नी ने कहा, "चलो अच्छा हुआ रात होने से पहले आप वापस आ गए। गाय कितने में बिकी?"

किसान ने कहा गाय तो बेच दी, लेकिन पैसे हाथ नहीं आए। उसके बदले घोड़ा लेना पड़ा।

चलो कोई बात नहीं। अब तुम्हें लकड़ी लाने जंगल तक पैदल नहीं जाना पड़ेगा। यही सोचकर तो सौदा किया था, लेकिन रास्ते में एक घटना हो गई, जिसके कारण घोड़ा हाथ से निकल गया। किसान ने कहा।

"कोई बात नहीं, तुम्हें चोट तो नहीं आई?"

"नहीं इस प्रकार की घटना नहीं हुई। रास्ते में लौटते हुए यह सोचकर घोड़े के बदले एक भेड़ ली कि गाय न होने पर भी हमें दूध की कमी नहीं होगी।"

"हां, यह तो तुमने अच्छा सोचा। चलो अब दूध की परेशानी नहीं रहेगी।" पत्नी ने कहा।

लेकिन भाग्य को यह भी मंजूर नहीं था। रास्ते में मैंने भेड़ के बदले एक मुर्गी ली कि उससे रोज अंडे मिलेंगे। अंडे से चूजे निकलेंगे। उन्हें बेचकर हम धन भी कमा सकते हैं और कभी-कभी अंडे भी खाने को मिलेंगे। किसान ने कहा।

"यह भी बहुत अच्छा सोचा। मुझे भी बहुत दिनों से मुर्गी पालने की इच्छा हो रही थी। कहां है मुर्गी?" पत्नी ने पूछा।

"लेकिन भाग्यवान मुर्गी भी हाथ से निकल गई।" किसान ने कहा।

"कैसे" हंसते हुए पत्नी ने पूछा।

हुआ यह कि मैं सुबह से भूखा था। रास्ते में एक भोजनालय मिला। रोटियों की खुशबू से मेरे पेट में चूहे दौड़ने लगे। मैं अपने को रोक नहीं सका। मुर्गी के बदले मैंने ढाबे में भरपेट रोटी खाई। मेरे लिए यह कितनी खुशी की बात है कि तुमने कितने दिन बाद भरपेट रोटी खाई। तुम स्वस्थ और कुशल रहोगे तो हम लोग कमाते रहेंगे

और मुर्गी भी खरीदकर पाल लेंगे। कहते हुए किसान की पत्नी बाल्टी लेकर उठी और बोली, "चलो हाथ-मुंह धो लो।"

किसान उठा। उसने रामू को अंदर आने के लिए कहा। रामू किसान की पत्नी की समझदारी और सहनशील स्वभाव की प्रशंसा करते हुए उसे शर्त जीतने पर बधाई देने लगा। फिर बोला बहनजी

एक बात बताओ। आपके पति ने इतनी बड़ी बेवकूफी की, फिर भी आपको गुस्सा नहीं आया। आपकी सहनशीलता की तारीफ करनी पड़ेगी।

किसान की पत्नी ने कहा, "भाई, ईश्वर ने हमें गरीब और संतानहीन बनाया। हमारे बीच में जो प्रेम है उसे हम अपनी अमूल्य संपत्ति समझते हैं और उसके लिए ईश्वर को धन्यवाद देते हैं। मेरे लिए तो इनका सुख ही सब कुछ है। इसलिए मैं क्रोध नहीं करती।"

किसान की पत्नी की बातों से ढाबे का मालिक अत्यंत प्रभावित हुआ। वह शर्त हार चुका था। अतः उन्हें अपने डाबे में ले गया और उन्हें पेटभर भोजन खाने को दे दिया। इसके अलावा शर्त के अनुसार पांच हजार रुपए दिए साथ ही उन्हें नौकरी पर भी रख लिया। इस प्रकार किसान का दिन सुखमय हो चला। रात को जब वे सोए थे, किसान की पत्नी ने गाय के रंभाने की आवाज सुनी। उठकर वह बाहर गई तो देखती है-गाय दुम हिलाते हुए आंगन में खड़ी है।

29

सुदिन-दुर्दिन

किसी गांव में एक कुम्हार था। पास-पड़ोस के गांवों में वह बहुत प्रसिद्ध था। उसके बनाए बरतनों की बड़ी मांग रहती थी। खरीदार उससे प्रायः यह शिकायत भी करते रहते थे कि उसके बनाए बरतन मजबूत नहीं होते।

कुम्हार भी इसी उधेड़-बुन में रहता कि बरतनों को कैसे मजबूत बनाया जाए। इसके कारण वह कभी मिट्‌टी में परिवर्तन करता तो कभी बरतनों को भट्‌टी में अधिक देर तक पकाया करता। फिर भी बात नहीं बनती।

एक दिन शिवरात्रि का पर्व आया। उपवास में बैठे कुम्हार पति-पत्नी महादेव की पूजा करने शिव मंदिर की ओर चल पड़े। अपने हाथों से बनाए कलश में पानी भरकर दोनों जा रहे थे। रास्ते में कुम्हार का पैर पत्थर से टकराया। लड़खड़ाने के कारण उसके शरीर का संतुलन बिगड़ गया और कलश हाथ से गिर गया। मिट्‌टी का कलश था टूट गया और सारा पानी जमीन पर बह गया।

पति-पत्नी खिन्न होकर आगे बढ़ने लगे। मंदिर पहुंच कर कुम्हार शिव की मूर्ति के आगे गिड़गिड़ाया और आंसू भरे नेत्रों से भगवान् महादेव को अपना वृतांत सुनाया। मंदिर में उपस्थित दर्शनार्थी कुम्हार की ओर देखने लगे। कुम्हारिन उसका ढांढस बंधाते हुए कहने लगी, दिल क्यों छोटा करते हो? हमारी भावना स्वच्छ थी। हम नए कलश में भगवान् महादेव के लिए जल भरकर निकले थे। कण-कण में भगवान् होते हैं। यह सोच लो कि तुमने उसी स्थल पर भगवान् महादेव को जल अर्पित किया जहां तुम गिरे थे। चलो अब घर चलो। भगवान् अंतर्यामी हैं, वह हमारी भावना को समझ चुके होंगे।

कुम्हार अपनी पत्नी के साथ घर की ओर चल पड़ा। घर लौटने पर पति-पत्नी ने फलाहार लिया और शिव स्तुति करते हुए सो गए।

रात को सपने में भगवान् महादेव उसके समक्ष प्रकट हुए और उन्होंने उससे उसकी परेशानी का कारण पूछा।

कुम्हार ने कहा, "भगवान्, मुझे ऐसा वरदान दीजिए जिससे मेरी मिट्टी के बनाए बरतन टिकाऊ हो, ख्याति बढ़े और मेरी लोकप्रियता जग जाहिर हो।"

भगवान् महादेव कहने लगे, "इस नाशवान संसार में टिकाऊ वस्तु की कामना उचित नहीं है। कुछ और कहो।

कुम्हार कहने लगा, "कृपानिधान, इस त्रुटि के कारण मेरे ग्राहक मुझसे शिकायत करते रहते हैं और मेरी ख्याति सीमित हो जाती है। मैं चाहता हूं कि मेरी ख्याति बढ़े और मेरे बरतनों की हर दिशा में प्रशंसा हो।"

महादेव कहने लगे, "देखो बाद में कहीं इसके कारण तुम्हें पछताना न पड़े।"

कुम्हार कहने लगा, "नहीं कृपानिधान, ऐसी बात नहीं होगी।"

तो लो मैं तुम्हें वरदान देता हूं कि तुम्हारे बनाए बरतन कभी न टूटे और चारों दिशाओं में तुम्हारी ख्याति बढ़े। कहते हुए भगवान् महादेव विलीन हो गए।

उसी समय कुम्हारिन चाय ले आई और उसे झकझोरते हुए कहने लगी, "आज उठना नहीं है क्या? लो, चाय पी लो। बरतन भी तो बनाने हैं।"

कुम्हार ने आंखें खोली। रख दो चाय, जरा हाथ-मुंह धो लूं। कहते हुए वह बिस्तर से उठा। कंधे पर गमछा डालते हुए तालाब की ओर गया और हाथ-मुंह धोने के साथ ही नहाने लगा।

कुम्हार को नहाकर लौटते देख कुम्हारिन हैरान होकर बोली। अभी नहाने की क्या जल्दी थी। मिट्टी ढोने के बाद फिर से नहाना पड़ेगा।

आज पुरानी मिट्टी से बरतन बनाऊंगा। जरा गंगा जल तो देना। कहते हुए कुम्हार मिट्टी के ढेर के सामने खड़ा हो गया।

गंगाजल का बरतन पति को देते हुए कुम्हारिन कहने लगी, इस मिट्टी के कितने बरतन बना लोगे?

जितने भी बन जाएं। कुम्हार ने कहा और वह भगवान् महादेव का नाम जपते हुए मिट्टी गूंथने लगा।

उधर कुम्हारिन पति के लिए नाश्ता बनाने रसोइघर में घुसी। चाय पिए बिना ही बरतन बनाने की कुम्हार की धुन को आज वह समझ नहीं पा रही थी।

बरतन बनाने के बाद कुम्हार ने पत्नी को बुलाया और कहा, "खाना परोसकर लाओ और इस बरतन की निगरानी करो। गाय-भैंस इसे अपने खुरों से तोड़ न दे। मैं तब तक नाश्ता कर लेता हूं और बाद में एक चमत्कार दिखाऊंगा।"

कुम्हारिन को अपने पति की सारी बातें आज हैरान कर रही थी। खाना खाने के बाद कुम्हार थोड़ी देर विश्राम करने गया। जब शाम ढलने लगी तो बरतन की परीक्षा करने के लिए वह उठा और उंगलियों से कुछ बरतनों के कोनों को दबाने लगा उसे आज के बरतन मजबूत लगे। उसके चेहरे पर मुस्कराहट दौड़ने लगी। उसने पत्नी से

कहा, आओ जरा इन बरतनों को समेटकर रख दें। कल मिट्टी भी लानी है जरा जगह बना लें।

कुम्हार पति-पत्नी बरतनों को चुपचाप एक ओर जमा करते रहे। कुम्हार पत्नी को अपने सपने की बात तब तक नहीं बताना चाहता था, जब तक उसे बरतन मजबूत होने का प्रमाण नहीं मिल जाता। रात को दोनों सोने चले गए।

सुबह उठने पर उसने फिर बरतनों को कोने से दबाकर देखा और पत्नी को बरतन पकाने के लिए भट्टी तैयार करने का आदेश दिया। उसके दिमाग में कई बातें घूम रही थी। दोनों बरतनों को भट्टी में डालकर पकाने की तैयारी करने लगे।

भट्टी ठंडी होने पर कुम्हार ने एक छोटा सा कलश निकाला और उसे जमीन पर पटका। "लो देखो चमत्कार!" कलश के न टूटने पर कुम्हार ने कहा। कुम्हार खुशी से उछल पड़ा। कहने लगा अब हमारे अच्छे दिन लौट आए हैं। ऐसा कहकर वह एक के बाद एक बरतन गिराने लगा। तुम पागल तो नहीं हो गए। कुम्हार को झकझोरते हुए पत्नी ने पूछा, "ऐसी क्या बात हो गई।"

कुम्हार ने हंसते हुए पत्नी को सपने की बात बताई। कुम्हार के टिकाऊ बरतनों की चर्चा चारों दिशाओं में फैल गई। दूर-दूर से लोग बरतन खरीदने के लिए आने लगे। उसकी आमदनी भी बढ़ने लगी।

नए-नए बरतनों की मांग बढ़ते रहने के कारण पति-पत्नी व्यस्त भी रहने लगे। कुम्हार के पास बात करने का समय भी नहीं होता, दिन भर थके दोनों पति-पत्नी बिस्तर पर लेटते ही सो जाते।

लेकिन सब दिन समान नहीं होते। जिस प्रकार सूर्योदय के बाद सूर्यास्त होता है उसी प्रकार कुम्हार का व्यवसाय भी शिथिल पड़ने लगा। जो भी आदमी उसके बनाए बरतन एक बार ले जाता, दोबारा

खरीदने नहीं आता। इस प्रकार ग्राहकों की संख्या घटने लगी तो दूसरी ओर जमा पूंजी भी घटने लगी। पति-पत्नी में काम न होने के कारण विवाद उठने लगा और लड़ाई भी होने लगी।

कुम्हार परेशान रहने लगा। इसी बीच फिर शिवरात्रि का पर्व आ गया। कुम्हार पति-पत्नी इस बार भी शिव मंदिर गए। कुम्हार महादेव की मूर्ति के सामने गिड़गिड़ाने लगा साथ ही संकट से उबारने की प्रार्थना करने लगा। पत्नी ने उसे समझाते हुए उठाया और दोनों वापस घर लौटे। दोनों घर पर फलाहार करके सो गए।

रात को सपने में महादेव ने कुम्हार को फिर दर्शन दिए और उसकी पुकार का कारण पूछा। कुम्हार ने अपनी परेशानी बताई।

महादेव ने हंसते हुए कहा, "मुझे पता था, तुम्हारी लालसा तुम्हारी ग्लानि का कारण बनेगी। जिसके जीवन में असंतोष का बीज पनपता है, वह कभी सुखी और संतुष्ट नहीं रह सकता। तुम्हारे दुःख और अशांति का कारण तुम्हारा असंतोष है। इस नाशवान जगत् में हरेक चीज नाशवान है। प्रकृत्ति का नियम भी यही है। चलो तुम्हारी आंखें खुली। हम पुनः तुम्हारी आकांक्षा पूरी कर देते हैं। अब तुम्हारे बरतन टिकाऊ नहीं रहेंगे। इतना कहते ही महादेव अंतर्धान हो गए।

सुबह होते ही कुम्हार उठा और हाथ-मुंह धोकर मिट्टी लेने चल पड़ा। मिट्टी लाते ही उसे गूंथने लगा। कुम्हार की पत्नी ने हैरान होते हुए पूछा, "क्यों आज चाय नहीं पिओगे?"

कुम्हार ने कहा पहले बरतन बना लें। उसमें आज फुर्ती नहीं थी। उसने कई सारे नए बरतन बनाए। बरतन बनाने के बाद उन्हें जमीन पर पटकने लगा।

एक-दो-तीन सारे बरतन टूट गए।

लो अब हमारे दुःख के दिन गए और सुनहरे दिन लौट आए। कहते हुए कुम्हार खुशी से उछलने लगा।